大眾心理館
心靈成長 2

鄭石岩作品集

國家圖書館預行編目資料

隨緣成長：把握經驗學習，創造悅樂人生／鄭石岩著. -- 二版. -- 臺北市：遠流, 2008.04
面；　公分. --（大眾心理館）（鄭石岩作品集. 心靈成長；2）

ISBN 978-957-32-6284-8（平裝）

1. 修身 2. 生活指導

192.1　　97004196

大眾心理館

鄭石岩作品集　心靈成長 2

隨緣成長

把握經驗學習，創造悅樂人生

作者：鄭石岩
執行主編：林淑慎
特約編輯：趙曼如
發行人：王榮文
出版發行：遠流出版事業股份有限公司
100 臺北市南昌路二段 81 號 6 樓
郵撥：0189456-1
電話：2392-6899　傳真：2392-6658
法律顧問：董安丹律師
著作權顧問：蕭雄淋律師
2008 年 4 月 1 日　二版一刷
2012 年 10 月 1 日　二版二刷
行政院新聞局局版臺業字第 1295 號
售價新台幣 240 元（缺頁或破損的書，請寄回更換）

ISBN 978-957-32-6284-8

YLib 遠流博識網 htt http://www.ylib.com
E-mail: ylib@ylib.com

隨緣成長

把握經驗學習，創造悅樂人生

鄭石岩／著

總序

我的創作歷程

鄭石岩

寫作是我生涯中的一個枝椏，隨緣長出的根芽，卻開出許多花朵，結成一串纍纍的果子。

我寫作的著眼點，是想透過理論與實務的結合，闡釋現代人生活適應之道，提倡正確的教育觀念和方法，幫助每個人心智成長。透過東西文化的融合，尋找美好人生的線索。我細心的觀察、體驗和研究，繼而流露於筆端，寫出這些作品。書中有隨緣觀察的心得，有實務經驗的發現，有理論的引用，也有對現實生活的回應。在忙碌的工作和生活中，我採取細水長流，每天做一點，積少成多。

從第一本作品出版到現在，已經寫了四十幾本書。這些書都與禪佛學、教育、親職、心靈、諮商與輔導有關。寫作題材從艱深的禪學、唯識及心靈課題，到日常生活的調適和心智成長，都保持深入淺出、人人能懂的風格。艱澀冗長的理論不易被理解，特化作活潑實用的知識，使讀者在閱讀時，容易共鳴、領會、受用。因此，這些書都有不錯的評價和讀者的喜愛。

每當演講或學術討論會後，或在機場、車站等公共場所時，總是有讀者朋友向我招呼，表達受惠於這些著作。他們告訴我「你的書陪伴我度過人生最困難的歲月」，或說「我是讀你的書長大茁壯的」。身為一個作者，最大的感動和安慰，就在這些真誠的回應上：歡喜看到這些書在國內外及中國大陸，對現代人心靈生活的提升，發揮了影響力。

多年來持續寫作的心願，是為研究、發現及傳遞現代人生活與工作適應的知識和智慧。所以當遠流規劃在【大眾心理館】裡開闢【鄭石岩作品集】，期望能更有效服務讀者的需要，並囑我寫序時，心中真有無比的喜悅。

我在三十九歲之前，從來沒有想過要筆耕寫作。除了學術論文發表之外，沒想過要從事創作。一九八三年的一場登山意外，不慎跌落山谷，脊椎嚴重受創，下半身麻痺，面臨殘障不良於行的危機。那時病假治傷，不能上班，不多久，情緒掉到谷底，憂鬱沮喪化作滿面愁容。

秀真一直非常耐心地陪伴我，聽我傾訴憂慮和不安。有一天傍晚，她以佛門同修的立場警惕我說：「先生！你學的是心理諮商，從小就修持佛法；你懂得如何助人，也常常在各地演講。現在自己碰到難題，卻用不出來。看來你能講給別人聽，自己卻不受用。」

我聽完她的警語，心中有些慚愧，也有些省悟。我默然沉思良久。我知道必須接納現實，去面對眼前的困境。當晚九時許，我對秀真說：「我已了然於心，即使未來不良於行，也要坐在輪椅上，繼續我的教育和弘化工作，活得開心，活得有意義才行。」

她好奇的問道：「那就太好了！你準備怎麼做呢？」

我堅定的回答：「我決心寫作，就從現在開始。請你為我取下參閱的書籍，準備需要的紙筆，以及一塊家裡現成的棋盤作墊板。」

當天短短的對話，卻從無助絕望的困境，看到新的意義和希望。我期許自己，把東方的禪佛學和西方的心理學結合起來，變成生活的智慧；鼓勵自己，把學過的理論和累積的實務經驗融合在一起，成為活潑實用的生活新知，分享給廣大的讀者。

邊研究邊寫作，邊修持邊療傷，健康慢慢有了轉機，能回復上班工作。歷經兩年的煎熬，傷勢大部分康復，寫作卻成為業餘的愛好。從一九八五年出版第一本書開始，所有著作都經秀真校對，並給予許多建議和指教。有她的支持，一起分享作品的內容，而使寫作變得更有趣。

住院治療期間，老友王榮文先生，遠流出版公司的董事長，到醫院探視。我送給他一本佛學的演講稿，本意是希望他也能學佛，沒想到過了幾天，他卻到醫院告訴我：「我要出版這本書。」

我驚訝地說：「那是佛學講義，你把講義當書來出，屆時賣不出去，你會虧本的。這樣我心不安，不行的。」

他說：「那麼就請你把它寫成大家喜歡讀的書，反正我要出版。」

就這樣允諾稿約，經過修改增補，《清心與自在》於焉出版，而且很快暢銷起來。因為那是第一本融合佛學與心理學的創作，受到好評殊多。爾後的每一本書，都針對一個現實的主題，紮根在心理、佛學和教育的學術領域，活化應用於現實生活。

禪佛學自一九八五年開始，在學術界和企業界，逐漸蔚成風氣，形成管理心理學的一部分，企業界更提倡禪式管理、禪的個人修持，都與這一系列的書籍出版有關。

後來我將關注焦點轉移到教育和親職，相關作品提醒為師為親者應注意到心理健康、學生輔導、情緒教育等，對教育界也產生廣泛的影響。教師的愛被視為是一種能力，親職技巧受到更多重視，我的書符合了大家的需要，並受到肯定，例如《覺・教導的智慧》一書就獲頒行政院新聞局金鼎獎。

在實務工作中，我發現心靈成長和勵志的知識，對每一個人都非常重要。於是我著手寫了好幾本這方面的作品，許多家長把這些書帶進家庭，促進親子間的和諧，並幫助年輕人心智成長；許多大學生和初踏進社會的新鮮人，都是這些書的讀者。許多民間團體和讀書會，也推薦閱讀這些作品。

唯識學是佛學中的心理學，我發現它是華人社會中很好的諮商心理學。不過原典艱澀難懂，於是我著手整理和解釋，融會心理學的知識，變成一套唯識心理學系列。此外，禪與諮商輔導亦有密切的關係，我把它整理為禪式諮商，兼具理論基礎和實用價值，對於現代人的憂鬱、焦慮和暴力，有良好的對治效果。目前禪與唯識，在心理諮商與輔導的應用面，不只台灣和大陸在蓬勃發展，全世界華人社會也用得普遍。每年我要在國內外，作許多場次的研習和演講，正是這個趨勢的寫照。

二十年來我在寫作上的靈感和素材源源不絕，是因為關心現代人生活的適應問題和心理健康。我從事心理諮商的研究和實務工作超過三十年，個案從兒童青少年到青壯年及老年都有；類別包括心理調適、生涯、婚姻諮商等，我也參與臨終諮商及安寧病房的推動工作。對於人類心靈生活的興趣，源自個人的關心；當我晤談的個案越多，對心理和心靈的調適，領會也越深。

我的生涯歷練相當豐富。年少時家境窮困，為了謀生而打工務農，當過建築工、水果販、小批發商、大批發商。經濟能力稍好，才有機會念大學。後來我當過中學老師，在大學任教多年，擔任過簡任公務員，也負責主管全國各級學校訓輔工作多年，實務上有許多的磨練。

我很感恩母親，從小鼓勵我上進，教我去做生意營生。她在我七歲時，就帶我入佛門學佛，讓我有機會接觸佛法，接近諸山長老和高僧，打下良好的佛學根柢。我也很感恩許多長輩，給我機會參與國家科技推動工作長達十餘年，從而了解社會、經濟、文化和心理特質，是個人心靈生活的關鍵因素。如果我觀察個案的眼光稍稍開闊一些，助人的技巧稍微靈活一點，都是因為這些歷練所賜。在寫作時，每一本書的視野，也變得寬博和活潑實用。

現在我已過耳順之年，但還是對於二十餘年前受重傷所發的心願，珍惜和努力不已。希望在有生之年，還有更多精神力從事這方面的研究和寫作。寫作、助人及以書度人，是我生命意義中很重要的一部分，我會法喜充滿地繼續工作下去。

《隨緣成長》目錄

貳 隨時培養心情……73

參 隨緣經營家庭……123

肆 隨機安住心靈……173

隨緣成長的心理動力

生活是一個活潑、不斷變動的調適過程。它的本質是活的，是有不確定性的。生活要隨著環境的變化，不斷重新學習，作出正確的認知、判斷和回應。每個人都必須終身學習，把握隨緣成長的契機，這才會有好日子過。

我們生活在快速變遷的大環境裡，停止學習和成長，就等於衰退或陷入困境。隨著經濟、社會、政治和文化的變遷，個人在工作和生活上的調適，更需要知識、能力和創新。因此，無論在專業技術、健康、婚姻，乃至個人理財、教育子女或心靈生活，都需要隨緣學習和成長。

透過隨緣學習和成長，個人的認知基礎（schemas）會豐富活潑起來，產生正確的思考和創意，從而提升解決問題和自我調適的能力。

就個人潛能發展而言，心理學家舒茲（William Schutz）把它分成身體、心智、人際和社會等四個範疇。它們的功能之所以能發展良好，就是要隨緣學習和成長，而且要不斷創造學習的機緣和環境。

潛能是隨緣學習和成長的產物。就像藏在地底下的礦，必須開採出來，經過冶鍊才能成為可用的金屬和器材。隨緣成長的觀念，不但要用在教育上，同時要用在企業、政治、經濟和科技發展上，形成一種文化才行。

隨緣學習成長的人，不但能力好、創意多，更值得注意的是他們的心理調適能力強，在碰到挫折或創傷時，其轉敗為勝或療傷止痛能力也強。

我觀察這些生活的佼佼者，對照心智停滯不前的人，發現隨緣成長的心理要素如下：

克服阻抗心理

學習是一個向未知世界探尋答案的冒險。我們對於未知的蠻荒世界，有著懼怕和不安的心理機制，而阻止個體冒險，以確保眼前的安全。這是生物性的天賦，目的是避免莽撞，帶來危險。這是每個人都有的天性，至少必須「臨事而懼，好謀而成」。但是個體一旦接受過多的制止、懼怕或威脅性的經驗，就會把主動探尋的好奇心壓抑下來。對於新的情境和變化，佇足不前或者迴避它的挑戰，以致放棄好奇心，放棄學習，甚至尋找逃避責任的心理機制，而形成心理症狀。

克服阻抗學習（resistance to learning）的重要關鍵，就是看清事實，提出可行的方案，勉強自己去做該做而不想做、該學而不想學的事。

生命是要面對許多挑戰的。面對問題和解決問題是一件痛苦的事，甚至是令人畏懼不前的事。個體願意採取行動，而不是對問題麻木不仁，等著它走開，或藉著種種麻醉（如藥物、酒精或一頭栽進虛擬世界）等方式來逃避問題，是需要努力以赴的。

當個體願意承擔起責任，願意忍辛耐苦去面對生活的挑戰時，他的主動性和好奇，會開始活躍起來。這就能克服阻抗心理，成為隨緣學習的主動者。

從諸多心理學研究文獻中得知，主動學習者不但在事業上表現優秀，在生活上也幸福健康，這就是最好的回報。

人際動力

觀察隨緣學習者的行為特質，發現他們都有一些學習型的朋友，形成一種學習的氣氛和知覺。他們不是「群居終日，言不及義」，而是在交談中產生交流，甚至分享新知和智慧。更重要的是他們彼此分享學習和成長的動機。在同業之間，或許他們保守了自己的營業機密，但透過接觸和互動，卻產生隨緣學習的心理動力。

人不可能只靠一種知識生活得好。生涯的每個階段，需要不同的技術和眼界；生活的各個面向，需要多元的知識和智慧。隨緣學習者透過人際互動，接觸不同年齡、不同專業領域的人，總是虛心不自負，與人交談互動。我發現他們善長於心的交談，而不是言詞爭鋒；他們不卑不亢地請教問題，了解對方的本意。

他們在觀念上的交流，往往是一種全新的認知，而不是沒有創意的拼湊組合；他們珍惜團體動力所產生的啟發和創造，這在企業裡產生團隊和合作的智慧。畢竟這不是一個單打獨鬥的時代，無論在專業或生活的各個層面，人不能

「獨學而無友」，否則必然「孤陋而寡聞」。

顯然，人際動力影響學習殊多，要記得與好學的人為友，要找機會參加學習的活動。

積極的期待

人怎麼期待，就怎麼行動。每個人都會假定事情會怎麼發展，從而產生預期。如果預期它會往好的方向走，心情就會振作，形成樂觀的思考模式，隨之而來的學習和行動，也變得積極。

積極和期待形成目標和動機，它啟動了學習、思考和行動。一般而言，缺乏目標和意義感的人，生活會變得頹廢，心情會變得無聊空虛；對自己有著積極性的期待，就會隨緣成長和學習。

心理學家席爾（Michael Scheier）和卡弗爾（Charles Carver）指出：有些人是樂觀的，傾向於在各種狀況下，期待好的結果，有些人是悲觀的，傾向於期待壞的結果；前者體驗著快樂和樂趣所構成的正向情緒，後者則經驗到不安和焦慮的情緒。尤其是本質性悲觀的人，更容易陷於沮喪和無奈。他們隨緣學習和成長的動力，就跟著削弱下來。

期待著創造新機，預期能克服眼前的困難，就會引發學習新知的行動，完成自己的目標。積極的期待使人振作，產生隨緣學習的行動力。

習慣最重要

隨緣學習是一種習慣，養成這個習慣，將會終身受用。好的學習習慣，不但產生豐富的學習效果，同時能使個體靈活運用所學，產生更多創意。心理學大師柯永河教授指出：心理健康的人，好習慣多，壞習慣少；不健康的人，好習慣少，壞習慣多。好的習慣成就好的性格，好的性格成就好的命運。然而，各種良好的習慣卻來自隨緣學習和成長。

透過認知、練習和增強，良好的習慣得以養成；透過典範仿效和社群參與，良好的習慣因耳濡目染而鞏固；透過自我覺察和自我砥礪，良好的習慣會增加和深化。

隨緣成長的本質，就是要培養一項一項的好習慣，消除現有的壞習慣，使個體在工作、生活、專業、情緒、待人接物等等，增加有效的解決問題能力。隨緣成長不是一個認知概念，而是一個人在知、情、意三方面整合的行動力。每天給自己訂下計畫當功課，努力去行動並做檢討，不久就能養成隨緣學習的好習慣。如果你能每天反省思考所得，做個札記，更容易見效。

把握以上四個關鍵性因素，你就可以成為自強不息、不斷學習成長的人。

《隨緣成長》這本書推出新版，除了內容有少許補充修訂之外，在這篇新序裡，特別提出隨緣學習者的心理特質。希望這本書，能給更多讀者帶來有益的學習知識。

原序

掌握隨波逐浪的契機

人生就是一個學習與成長的過程。

人要不斷的成長和學習，才能累積經驗和智慧，解決問題，克服困難和挑戰。能不斷成長和學習的人，才有信心，自我認同才會完整，心理方能健康平衡。當然，在更高層的精神生活和悟性上，也唯有透過學習和成長，才有清醒的覺察和領悟。

人注定要在任何環境中學習，所以要隨緣成長。就個人的生涯而言，你可以選擇一個方向，朝著它去努力；但不可能選擇遭遇，因為遭遇已經發生在生活之中，它就是你的緣。緣是無可逃避的，逃避的人變得退卻，變得無能和痛苦。唯有肯隨緣成長、主動出擊、精進勤奮的人，才能適應無常變化的環境，因為他們學會的是生活的本事。

依我的觀察，成功的人都能隨緣成長。他們對於不幸的遭遇或挫敗，沒有怨言，甚至掌握機會從中學習，汲取經驗。經過一段時間，他們的本事增加，判斷力提高，終於奠定了成功的基礎。這些成功的人，無論是在商界、政界、學界或任何行業，都經歷過挫敗和磨練，從所遭遇的逆緣中學會諸多能力，從順緣中學會自我鼓舞。

唐朝的雲門禪師指出：「要隨波逐浪，不可隨波逐流。」懂得隨緣學習、成長和創造的人，就掌握了隨波逐浪的契機；不懂得從中汲取教訓，不能隨機結緣的人，終究被挫敗的浪濤席捲而去，所以叫隨波逐流。

只要你肯努力學習，善於運用你的遭遇，機會就會像編織地毯一樣，越編越大，能力和見識也越來越廣。我知道逆境使人吃苦，但在它的背後卻隱藏著良機，往往可以從中學到最寶貴的經驗。

人生就是一個隨緣成長和創造的過程。如果你對於自己的遭遇，抱著挑剔的態度，不肯從中淘取它的寶貴經驗，將會一事無成。反之，唯有能隨緣成長和創造的人，才有新局面和大未來。

這本書所揭櫫的隨緣成長，包括了四個方面：其一是隨緣努力、學習和創造；這樣就能處處成長，立於不敗之地，它的重點是學習行動。其次是隨時培養心情，要保持好的興致；在任何時候，遭逢任何境遇，都能夠保持好心情，這樣才能有勁工作，才有心情面對自己的生活。其三是隨緣保持和氣，來經營自己的家庭；俗語說家和萬事興，和能結合家人的心智力量，涵養興致和士氣。其四是隨緣修行，要依正信修持，才能在宗教上培養情操，讓自己與更高層的精神世界相應，而孕育出無我的決定信仰，從而參悟人生的意義。

善於學習的人，能在生活中增長智慧。他們每經一事，就能增長一智，甚至更多；每個遭遇都帶來心得和見識，所以見識廣，能力好，經驗豐富。於是，他們的自我功能較強，適應生活的能力也高。反之，那些不肯隨緣學習和成長的人，則表現了偏差行為和適應困難等症狀。

本書用一篇篇的短文，敘述隨緣成長的技巧。有從諮商實務經驗中發現的道理，有從社會觀察中獲得的啟示，也有實踐禪修的心得。希望它能給讀者帶來助益。

壹 隨處都在學習

【篇頭語】

人的一生，除了學校課程所提供的基本知識之外，大部分的能力和經驗，都是從日常生活、工作和遭遇中學來的。因此，你若不把握隨緣成長，隨處觀察學習，無論是在專業、視野及待人處世各方面，都不容易有大格局的開展。

隨緣成長的人，願意向人請教，善於跟人合作；更重要的是他懂得結緣，知道獨學而無友，孤陋而寡聞。他隨處都會交結好友，學習新知。

隨處學習的人，總是勇於嘗試，在行動中不斷歷練和成長。真正的本領不在書本裡，而是自實務的工作經驗中學來的。

隨緣成長的人是有夢想的，他們懂得選擇某個方向去努力，對它醉心，堅毅地努力下去，無論遭遇如何，他們總能達成目的。

成功的人懂得割捨。他們深知複雜的生活，不能維持明確的方向；猶豫不決的拖延，會造成良機的流失。由於他們的心志單純，判斷力也就清明。

幸福的人認知每一個機緣都有意義，都有它的價值；他們虛心學習，而且不武斷地說一聲決不。他們可以否定惡習，說一聲決不，但在成長的嘗試上，他們謙沖為懷。

隨緣成長的人，肯吃苦，懂得在失敗中找得答案；他們善於避免錯誤，勇於改正。隨緣成長的人，處處都能把握機會學習。

1 隨緣學習的妙方

每一個人，都注定要在自己的機緣和境遇中成長。你的遭遇，正是豐富人生的素材；你的處境，更是磨練和砥礪的試金石。所以，你不能自不幸遭遇中逃脫，在困境中敗下陣來；要從中汲取教訓，獲得寶貴的經驗，然後，積極地面對你的人生。你所經歷之處，都必須從中學到新知，獲得能力和成長。

佛經上說：「功不唐捐」。人所經歷的、遭遇的都不會是憑白而過，都能帶來一些重要的經驗、訊息和機會。因此，所有努力都不會白費，都能得到應有的報償，這就叫做功不唐捐。

每一個人都有獨特的生活經驗，這些經驗是個人機緣的產物，只要被用在積極面上，無論它是痛苦，是快樂，是喜歡，是不喜歡，都會化作不可思議的能力。我在大學時考入會計系，讀了以後才知道自己不喜歡會計這門學問，特別是每天要跟數字打交道，看了就皺眉頭。於是我重考，改學教育。不過，大學畢業之後，第一個工作，卻靠著大一所學的些許會計知識而勝任愉快，真是功不唐捐。

我在年輕時代，因鬧窮而打工，舉凡幫人耕種、建築工或打雜幫傭都做過。至於作買賣的經驗更是完整，從零賣到批發，從包商到大盤，我都經歷過。雖然我沒有走經商的路，但是這些艱辛的閱歷，卻讓我學會怎麼做事，對人性的了解殊多。它在往後的行政工作上，或助人的輔導專業上，都有很大的助益。因此，對於現在正遭遇困難的人，我都會清楚地告訴他：「你現在的辛苦不會白挨，它會帶給你經驗和智慧，以及用不完的精神力量。現在你要心甘情願，去承受和學習。」

每一個痛苦都有它的原因，克服那些痛苦，就能成長、超越。人生的每個階段，都需要你去調適，只要你肯學習，就會走出光明的路來。

就拿生涯來說，你可以選擇一個目標，在某一個領域，多學習多磨練，就會看出成功的門道。不過，一定要注意，雖然你可以選擇目標，朝著它努力，但是人無法選擇遭遇。某些事與願違的處境確實給人帶來極大的阻力。於是，你必須有耐性，用迂迴的方式，持續努力下去，千萬不要灰心，只要你一灰心鬆手，就會半途而廢，永遠不會成功。

為了克服眼前的困難，你也許要分出時間和精力，去打工賺錢，去面對必要的承擔，但你還是要看準懷抱的目標，找機會充實、學習和磨練。最後你會發現，一路走來的阻力並非阻力，而是你獲得成功的機緣。

我是宜蘭人，過去經常往來於北宜公路，受到這條公路的啟發殊多。宜蘭到台北若畫一條直線，不過幾十公里，過去雪山隧道未貫通前因中間隔著崇山峻嶺、溪流深谷，公路必須繞行前進，才會有九彎十八拐偌多的迂迴路線。不過，無論怎麼迂迴，目標總是朝向台北。北宜公路的蜿蜒之美遂成為大家欣賞的風光，它的曲折迂迴則成為旅客讚美的景緻。每個人的生涯路就像北宜公路一樣，一路開山架橋，環繞而行，目的地終於出現。

現在台北到宜蘭的高速公路已經通車，眾所周知，興建過程中最艱鉅的工程就屬雪山隧道。工程人員遇到諸多地質上的困難，他們鍥而不捨的研發新的施工方法，前後花了十五年時間才完成世界上最艱難的隧道工程。如今你有機會去親自去感受這兩件有啟發性的工程。來回各走一趟北宜和雪隧，你一定可以體驗到隨緣成長和奮鬥人生的真諦。

勇敢面對自己的機緣，努力克服那些困境，它正是成就你自己的路。所遭遇的困難越多，得到的智慧和毅力也越多；開拓出來的人生路就越絢爛。請注意：你注定要在許多遭遇中成長。在你的境遇中，必能找到自己的光輝。

人生路上，無論是順是逆，都是你的緣，都是你必須承擔和生活的事。要心甘情願，不要怨天尤人；要捧下這些遭遇當彩料，繪出最瑰麗的生命圖像。

2 在行動中學會真本事

每個人都希望找到自己熱愛的工作，闖出自己的一片天。但有很多人只是羨慕別人有好的事業，期待有一天也能碰到好機會。日子久了，他們覺得這世界不公平，然後把成長與發展的機會，歸因為命運。接著他們相信自己的命運不好，認命當一位失敗者；用消極的眼光看世事，用冷漠沒有朝氣的態度來看人生。這就是我所看到光想不做的失敗者。

其實，你需要有一個目標，它必須是你喜歡的工作或職業；你要醉心於它，朝思暮想並採取行動。你可以請教別人，蒐集更多資料，找機會實際參與。然後，就更能掌握具體的藍圖和步驟。

發明電話的貝爾（Alexander G. Bell）醉心於透過電來傳送聲音。於是，千里迢迢去拜訪當時的大科學家亨利（Joseph Henry），把他的希望和想法說給他聽，並向他請教。兩人的對話是何等發人深省。貝爾問：

「先生！請你指教我，是把這構想公開，讓別人去做？或者由自己努力來做？」亨利說：

「你已有了偉大發明的構想，就該努力行動。」

「但是，這項工程有許多困難，它需要足夠電學方面的知識才能解決。而我不具備這些能力。」這時亨利以堅定的語氣對貝爾說：

「取得它！」

貝爾因為得到亨利的鼓勵和指導，終於發明了電話。他回憶道：「如果沒有『取得它』這幾個字的激勵，我決不可能發明電話。」

在事業的發展上，只有一條路：朝著目標，邊做邊學，投入其中汲取經驗；在實際工作中學習、見識、歷練和結緣。要把事業做好，除了基本學識和技能之外，你需要機會，它來自與實務界結緣。當然，你也需要見識和能力，它更要從實作中培養。

藉著實際參與，要比你勞神苦思容易得到寶貴的經驗；採取行動去做一件最基層的實務，要比你枯坐夢想美麗的未來好。我發現那些賦閒在家、落寞而不振作的人，有一個共同的弱點：他們缺乏行動的習慣。他們不甘從基層做起，因此不清楚職場上哪些是他有能力做的，哪些是他做不來的。許多人，把空想誤以為是能力，久之自以為能做什麼。實際上，他想做的都是他做不來的，於是成為職場上的游離人。

求職要從行動開始。進入職場，專心於現在能做的事，熱情地工作，你就有機會學習，有機會見識和成長。你的能力會在工作中，像滾雪球一樣快速增加，機緣也漸漸伸出觸角。當然，你必須心甘情願去做、去學習。這就是我所謂的行動中學習。

我高中的時候，星期假日跟父親一起做生意，到產地承包水果。他帶我到產地，把我丟在李子園，要我和果農談承包價碼。我既不懂得怎麼估量產值，更沒有和人家談價碼的經驗。幾個果農陪著我走了一遍，我裝懂的樣子跟他們交談，但內心忐忑不安，怕弄不好會遭父親責備。於是急中生智，要他們評估總產值，把計算的標準說給我聽，把細節弄清楚，我只要跟他談價碼就行。其實，果子長在樹上，要相當有經驗的人，才能估準產量和產值。我的經驗實在不足，最後我想出一個辦法，建議把承包改為約定承購——只約定單位價格，照價全部收購。父親對於我的建議也贊同，我有著受到肯定的滿足感。

不過，從那一次起，我便很注意每一棵果樹的產量，依它們的高度、大小、果子的疏密狀況，作了一些紀錄，後來我在估計產量時，比父親還精確。當時，我覺得父親沒有教我什麼，都是靠自己學來的，並以此自豪；多年以後，我才領悟到，他教我的是行動，他一直希望我從行動中學習經商。

從這些經驗中，我學會勇於採取行動。這對於我的一生，有著決定性的影響。我想做什麼，就朝著那方向採取行動。從做中學，從做中成長。

3 不斷嘗試的勇氣

人要勇於嘗試，才能開啟新局，創造新的生活。我所謂勇於嘗試，不是教人朝三暮四，忽東忽西，沒有個生涯的目標。勇於嘗試，是要你在節骨眼處，勇敢為自己爭取創造的機會。

我知道許多人很保守，不敢嘗試改變自己，他的生活就變得枯燥、厭倦和無奈，因為他失掉許多創造自己的機會。有許多人活得暮氣沉沉，也是由於不敢嘗試所致。還有許多人一直逗留在職場的外圍，不能投入其中好好奮鬥一番，都源自不敢嘗試的毛病。

嘗試難在第一步，只要你能突破剛開始的猶豫，就能順利改變自己。

有一位鄉下的媽媽，排除先生和鄰居潑冷水式的嘲諷，下定決心到國民小學夜間補校就讀。經過兩年的努力，終於能讀、能寫、能算。她說：「過去很內疚和慚愧，別人能讀故事書給孩子聽，自己卻不能；別人能陪孩子學習，一起討論書中的知識，自己卻目不識丁。」她接著說：

「當我知道國小有夜間補校課程時，我既想參加，又怕自己跟不上，鄰居和先生冷嘲熱諷，讓我幾乎放棄學習的念頭。最後，總算硬著頭皮報名上課。現在，我能讀、能寫、能算，到哪裡辦事都很方便，找到自由，也尋回自己的尊嚴。」

剛退休時，朋友也曾問我為什麼要提早卸下公職，我告訴他說：「因為我想嘗試一個新的夢想。我決心要把佛經中對現代人有啟示性的內容，傳述給大家。現在，我要做一位專職的作家。」其實，我期待專心弘法、寫作和過簡樸的生活已經好一段時間，是經過努力嘗試，長時間的規劃磨練，才水到渠成的。勇敢的嘗試，不是一日一夜之間就來個大轉變，而是潛心培養，多所努力才能得到。

人要有理想，要勇於嘗試，更要有毅力、有恆心去培養水到渠成的種種條件。實現自己人生目標，不是靠一時的意氣，而是靠著夢想、蓄勁和行動得來的。我很欣賞心理學家威廉・詹姆斯（William James）對生涯的說法：「人應該勇敢去嘗試，換換新的工作，過過不同的生活。」

不過，嘗試必須有準備，有一套工具，去解決眼前所面對的問題。那些工具包括能力、資源和結緣，你要努力學習和獲得它。作家的工具是語文、思想和態度；企業家的工具是經營、資本和眼光；科學家的工具是驚奇、思考和創造。你不能憑空夢想，而應實際的行動。

依我對生涯規劃的研究與觀察，發現勇於嘗試是成功人生的核心課題。沒有嘗試就沒有學習，沒有嘗試就不能激發熱情，引發努力和堅持。不過勇於嘗試必須注意以下幾個要點：

- 你要對自己的人生有個夢想。要設法改變你不喜歡的東西，去覺察到什麼是自己真正想做的事。不要用功利的眼光來安排自己的人生。
- 不要心急。生涯的事可不是買個速食餐盒，想吃什麼就買什麼。生涯需要你長期的經營，你決定了目標，就得有耐心，勤奮地工作，逐步克服困難。

●甘心情願。凡事都有得失，要認清哪些是得，哪些是失。你要獲得想要的，就得同時忍受一部分得不到的東西，要心甘情願去做已決定的事。記住！十全十美的事只是幻想，不是真實。

●工作與學習。新的工作需要新的能力和生活習慣，要設法改掉現有的惡習，培養新的適應能力，這是成功之道。

●堅持下去。不要氣餒，要每天鼓勵自己，讓決心和信心生根。堅持努力的人，機會一定屬於他的。

每一個人都要珍惜自己的生涯，要根據自己的興趣，培養所需的能力，去實踐的夢想。夢想可不是天花亂墜的想法，而是具體的目標。我知道有些人只會空想，沒有落實到生活與工作中，不能持續的成長和努力，這樣永遠得不到快樂的生涯。所以我要指出，人一旦有了夢想，就能打起精神去完成。如果你真正有了夢想，那就去嘗試和行動吧！許多熱情和決心會隨之而來。

在我們的教育體系裡，最大的缺憾是不鼓勵孩子夢想和嘗試。於是大部分的人執著在讀書和學業上，只要功課表現不佳，就自以為失去人生光彩和夢想，而遺忘了自己還可以打開人生的視野。你要當心這個陷阱，設法不被這些成見所障蔽，做一位能夢想和肯實踐的人。

4 化夢想為真實

我認為成功的人生，建立在把夢想付諸行動，然後漸漸將它化為真實。它的要訣是：大膽的夢想，認真的工作和學習。

我常有機會和年輕人相處，發現有些人懷抱著夢想，醉心於未來的目標。他們埋頭苦幹，不斷汲取新知，磨練自己的本事；對未來充滿信心，知道自己要做什麼，所以生活得有朝氣，這些人具備了我所謂成功者的性格特質。

當然，我也發現有些年輕人，似乎不明白自己要做什麼，對未來沒有願景，幾分徬徨幾分優閒，過一天算一天。他們的最大特點是沒有夢想，缺乏擁抱未來的熱情，更沒有當下紮根努力的豪氣。有時，他們也有夢想，但只是空花水月，不切實際，不能激發自己的行動，所以只能稱為作夢。他所做的事是幻想而不是夢想，沒有振作的豪氣，更無積極的表現。這些人大部分會成為適應困難的人。

生命在振作時，才煥發出光彩，才顯露出喜樂。人只有努力學習和成長，才能自我實現。唐朝的臨濟禪師，勸人要在實際行動中修行時說：「要一路行遍天下。」他強調力行和行動，並指出「山僧佛法，的的相承」的道理。我在心理諮商經驗中發現，積極的行動者，永遠比退卻自卑的人快樂和健康。所以，我總是透過專業的技巧，幫助受挫者跨出積極的第一步——勇敢地踏出去。

致力於夢想，晝夜醉心於所訂的目標，就會引發創意和熱情，這能給你毅力和信心，帶來工作和學習上的興趣。這些心理狀態，即使在宗教的信仰上也相同。那些在宗教上遲疑不前、若即若離的人，他們永遠得不到神或佛的真實感應。

最近，有一位學生和我討論寫作，他問我怎麼成為一位成功的作家，我告訴他：「醉心於夢想和持續的努力，是成功的關鍵。」我是一位修禪的人，對於力行特別著重，無論在出世間法或世間法上，都得在行門上下真功夫才行。為了令他了解，我引用《達摩大乘入道四行》中的一段話說：

夫入道多途，
要而言之不出二種，
一是理入一是行入。

「理」使內心明朗，「行」能在行動中證驗與實現。接著，我拿自己寫作的經驗與他分享：

「過去我夢想寫作，覺得寫作可以跟別人分享生活經驗，傳承文化的菁華，幫助許多人獲得新知和生活智慧。我喜歡這事，從而熱衷寫作。為了寫得有內容，言之有物，所以求知若渴的閱讀。此外，我也積極培養關懷人與社會的態度，對社會變遷仔細觀察，並付諸行動去助人，去體驗真實的生活現況。累積的心得越多，助人的熱忱亦增加。然後，把心中的熱忱和觀察體驗，用真心話去發表，一則用文字表達，那就是寫作；一則用口語跟眾人分享，那就是演說。」年輕人又問：

「寫作這條路，最難的地方是什麼？最須注意什麼？」我告訴他：

「最難的地方是寫作的內容和正確的知見，最須注意的陷阱是半途而廢。正確的知見，同時也是作者的情操和態度，他必須負起作家的良知和遠見的責任。我相信從事任何一個行業，都必須堅守這個根本立場。」

把夢想化作真實，是人生的一項任務，要認真去做，得突破許多瓶頸才能成功，所以要培養耐性才行。於是我又對年輕人說：

「你們年輕的一代，由於速食文化的影響，凡事要求快，甚至急功近利，這樣會造成偏差，釀成錯失；有些人因而身陷囹圄，真是令人惋惜。

「現代人，電視看多了，別人成功絢爛的一生，只稍一個半小時的影片就演完了；看別人成功真容易，自己做起來，卻是一針一線慢得有如牛步，很容易感到不耐煩。所以要提醒自己，用耐心去面對挫折，用長期耕耘培養實力；人生不是一天一月，而是一輩子長跑。」

這位年輕人，站在教室右側的長廊，和我談了許久，我們彼此專注地談著，猛然發現，好幾個學生圍著我們聆聽對話，他們津津有味地懷抱著夢想，也都在臉龐上流露著行動的決心。

5 有割捨才有成長

割捨是生活中很重要的大事：無論是事業或者生活，如果把自己弄得太複雜，負擔太沉重，甚至弄不清楚主從，那就會亂成一團，削弱清醒的回應能力。這不但對事業的發展無益，對於身心健康，乃至家庭生活、子女的教育都會有害。

割捨能保持身心的平衡，能集中精神把諸事做好。「精誠所至，金石為開」的古訓，是要全神貫注才辦得到，而割捨正是它的必要過程。

我生長在農村，經常看到果農在採收之後，修剪果樹。他們清楚割捨的道理——如果捨不得剪掉一些枝椏，枝葉就長不好，果子也跟著欠收。他們剪掉一個枝頭，會長出好些個新芽新枝來，跟著就長了許多花苞，結出纍纍壯碩的果實。生活與工作也是一樣，割捨能帶來豐收和健全的發展。

割捨當然就是你既有的才能割捨。如果你手頭沒有，卻要割捨它，那只能說是消極的逃避或退卻，而不是在割捨中尋求成長。有些人割捨許多該做的事，放棄應該學習的東西，還振振有詞地說自己肯作割捨，其實那是自甘墮落。在諮商觀察之中，發現這些人容易變得消極、蒼白和失落。更不幸的是，他們還編了一套說詞，自以為清高。他們很容易成為失敗者，不斷地逃避下去。因此，當你面臨割捨之際，要清醒覺察，要避免錯把逃避當割捨。

作割捨的同時，必然也作了抉擇。因為割捨之後，就必須把握既定目標，全力以赴。倘若割捨之後，自己變得無所事事，那就值得檢討了。

此外，抉擇就是清楚地釐出目標，作出決定；古人所謂「當斷不斷，反受其亂」，要從模糊中找出正確的目標，及時作抉擇。

過去蘋果電腦公司推出首創的麥金塔（Macintosh）電腦，使用起來方便有效，儼然成為電腦界的主導產品。可是該公司不願意授權其他廠商使用其作業系統，發展上有了侷限。後來，微軟公司為 IBM 及其他相容電腦開發了視窗（Windows）系統，他們授權給任何付得起價錢的製造商，使用他們開發的軟體，銷售量快速增加。後來，蘋果公司決定發給特許權，但大部分電腦製造商

考慮得太多，凡事要等到百分之百的保證才要做，就會作不了決定，良好的機會也悄然流逝。

猶豫不決，表示割捨不了某些眼前的好處，或者自己正耽溺於過去的習慣，不敢面對新的挑戰。依我的觀察，越順從的人，在作取捨時越困難；越安於現狀的人，越捨不得眼前的好處。他們就會在得與失之間徘徊，在進退之間舉棋不定。管理學上研究指出：作決定慢的公司，在同樣時間內，所蒐集的資料，比作決定快的公司要來得少。很明顯的，猶疑不決也會影響決策過程。

每一個人都有猶豫不決的時候，不善於割捨的人會不斷的拖；當機立斷的人經過幾天的思考之後，會拿出勇氣作決定，然後全力以赴去完成它。你必須盡力蒐集資料，認清真實，切勿匆匆作決定，盲目下賭；而是認清事實，承擔割捨的痛苦，努力爭取自己所要的結果。

我一直奉行著一種割捨、成長和抉擇的信念。年輕的時候，因為貧窮我不得不打工、作買賣，這些工作會帶來收穫，特別是作買賣，它令人獲益成長，是很吸引人的。不過我另有興趣和打算。於是，毅然割捨作買賣的事業，努力求學，發展從事教育工作和助人的生涯。後來，我做了很長一段時間的教育行政工作，在階段性生涯完成之後，我又發願寫作，並著手把佛經與現代學術結合，作為現代人提升精神生活的參考。回想我過去的經驗，自己該在什麼時候作割捨、作決定，都在那個時候作了抉擇，同時腳踏實地的去努力，順利的生涯就建立在割捨、成長和決定上。

每一個新的決定，都會割捨一些現有的利益，請不要吝於那些利益，割捨它吧！因為割捨之後的衝勁，更為你帶來新的發展空間。

6 不輕易說決不

我有幸觀察過許多名人，有機會跟才華出眾的人相處或共事，發現這些人的思考和工作態度，比一般人開放、有彈性。他們不會故步自封，更不會作繭自縛，其性格特質是勇於嘗試，不輕易說不。他們經常跨越保守的界線，吸收新的經驗，打破現有的成見，接受嶄新的想法。

當然，我也有機會接觸許多拘謹的人，他們習慣於保守，久之養成狐疑和退縮的態度。他們這裡遲延、那裡猶豫，甚至為自己築一道消極的牆，作為退縮的藉口。他們說：「我發誓過決不做沒把握的事」「決不對大眾公開說話」「決不跳交際舞」等等。這些人一再錯過許多參與、學習和成長的機會，當然也會失去美妙豐富的人生。

請不要急著說「決不」，先想想你說的決不是否合理，是否蘊涵著退縮、逃避或非理性的情緒反應。

有一位朋友告訴我，在鄉下住著兩戶人家，他們是親兄弟，多年前為爭遺產而鬧翻臉，彼此不相往來。爭鬥期間，兩人因憤怒而異口同聲說：「從此決不跟你來往！」於是這兩家各自禁止子女來往，斷絕彼此的關心，兩家都變得孤立。直到弟弟因車禍意外死亡，哥哥才過去弔喪。那一天他撫著弟弟的棺木痛哭：「弟弟呀！我每天都想來看你，可是我說過決不，而不敢來看你，你知道我有多痛苦嗎？現在我想跟你講話，你怎麼不回答我呢？」

誓言「決不」，有時是一種愚蠢。有人說決不跟某一族群通婚，硬把子女的愛情拆散，或者成親之後引來家庭的不和諧。在生活態度方面，有人信誓旦旦，說他決不落淚，其實壓抑眼淚的人，在情緒生活和心理創傷的復原上，都顯得較差。

有些人用決不來表示自己的勇氣。他們決不妥協、不願意跟對方談判和解，結果為了小小事情，弄得彼此劍拔弩張。用決不來拒絕人、拒絕解決問題和拒絕理性思考的人，往往會鑄成大錯。許多寶貴的機會不斷流失，他們變成獨夫，與成功絕緣。有一次，我在公共汽車上聽到兩個人的對話：

「我決不跟這些達官顯貴往來，即使是同學或老同事都不例外，我就是不喜歡攀龍附鳳。」

「我絕對不能接受你這種觀念。」

兩人在公車上就辯起來了，彼此都很堅持地固執己見。他們談話越來越激動，面紅脖子粗。我心裡想著，如果一個人決不跟比自己強的人作朋友，那一定會自甘墮落，而不是自命清高。如果對別人的意見決不苟同，那麼他想活在自由開放的社會，日子一定會過得很辛苦，因為他不懂得包容別人的看法。

兩個決不就會造成一個大死角。夫妻兩個人都抱著決不接受對方的意見的態度，家庭的幸福就會落入死角，發生問題。生涯上抱著決不做什麼事的立場，那就不懂得接受現實，朝目標迂迴漸進而至的道理。有一對父子的交談是：

「你不到公司去學做生意，你能做什麼？」

「我決不學做生意。」

「你什麼都不會，卻不學，你要當乞丐呀！」

「我決不做生意，當乞丐也沒關係。」

也許這是氣話，但是兩個人都屬於絕對思考型的人，他們只有一個看法，是唯一絕對的，如果不遵照自己的想法，就不可能想出什麼好路子，所以兩個決不的人在一起，就構成一個大衝突。

我要指出：現代人對於生涯規劃，雖然都知道要依自己的興趣、能力和性向來考量，但老實說，自己真正的興趣、能力和性向，需要投入職場，嘗試一段時間之後，才會清楚地浮現。這時，才能找到自己真正要走的生涯路。依我的觀察，在還沒有找到自己真正喜歡的工作之前，所投入不得不做的工作，往往正是蓄集實力、為理想和目標厚植根柢的所在。因此，抱著決不做什麼行業這種觀念的人，正是故步自封，將來即使找到喜歡的工作，也沒有足夠能力去開拓寬廣的未來。

錯把決不當勇氣的人，人生路會越走越窄。你認為永遠不會發生的事，它會在你的身上發生；你認為決不會喜歡的工作，就有可能會遇上它。所以，請別說決不，要多做多學才是。

我們有許多理由來解釋「決不」的逃避心理。這些編撰出來的藉口，只是用來欺騙朋友和安慰自己的膽怯、無能和怠惰。只要你看清它，把那些理由丟到一旁，你就能勇敢地面對現實。

有一位退休的老先生，每天都待在家裡。家裡的人鼓勵他參加宗教的服務團隊，他說「決不參加這些活動」。眼看他每天孤獨一個人，意氣日漸消沉。一個在服務性社團做事的朋友，連說帶哄把他帶去參加活動，幾次以後，他成為活躍的義工幹部。

自命清高的決不，也會使人變得僵化，令人失去活力。有一位先生常常覺得頭痛，藥石罔效。醫師問：

「你喝酒嗎？」

「決不。我滴酒不沾，也不應酬。」

「你抽菸嗎？」

「決不。我看到別人抽菸就討厭，我恨死菸味。」

「你會去娛樂或休閒場所消費嗎？例如 KTV、打保齡球、撞球等等？」

「決不。你認為我是那種人嗎？我規規矩矩的生活。」

「老兄！你的病情其實很簡單，你把自己綁得太緊，看得太牢，只要你放鬆一下，病情就會較好的。」

生活中遵守原則，保持紀律，是為了使生活過得更充實、更有活力。不過，有原則就會有例外，如果我們死守原則，輕易說決不，那就會被綁死，失去創造力和智慧。至於把決不當藉口，作為憤怒、懈怠、退卻時的發洩，那就會破壞生活和影響身心健康。

7 肯吃苦就長進

怕吃苦是一般人的通病。其實，苦是人生的本質，只要你活著一天，就得接受苦的挑戰。因此有人說，舒適的路是下坡路，苦的路徑才是上坡成長之路。美國心理學家威廉・詹姆斯說：「你應該每一兩天做一些你不想做的事。」

最近，我分別和幾個十六、七歲受輔導的青少年晤談，發現他們的共同惡習是逃避困難。有一位男孩告訴我說：

「學校應該讓我們歡喜的學習，但是老師所教的都是一些索然無味的東西，所以我不喜歡上學，更不喜歡聽課。我需要的是我想學的東西。」我問他：

「你喜歡的東西是什麼？」他低著頭想了一會兒說：

「我不喜歡讀書。」我接著問他：

「你不喜歡讀書，你可以找一些真正喜歡的東西來學習，這就能走出自己的路來。好，現在告訴我，你喜歡學什麼？」他想了想，一臉茫然地對我說：

「我也不知道。」

這些孩子從來就沒有勉強自己去學一些該學的東西，所以，他們的心理世界，缺乏可以引發喜歡去學的基礎。他們怕失敗，怕學不好，怕不如人；看到該學的東西就退卻，而心裡頭卻想不出自己喜歡學的是什麼。許多學業上有困難的人，根本原因是逃避困難，他們怕苦。

上進的人必然有著不怕苦、不怕麻煩、不畏艱難的習慣。怕苦的人當然也怕負責任，畏於艱難的人必然產生消極、憂鬱和沮喪的性格。所以在佛的教誡中苦是聖諦。我很喜歡泰僧阿姜・查說的一段話：

「痛苦是四聖諦中的第一聖諦。大多數的人都想逃避它，他們絲毫不想擁有任何痛苦。事實上，苦能帶給我們智慧，它使我們專注於生活；快樂反使我們關閉雙眼雙耳，永遠不容我們去長養耐心。舒適和快樂使我們無所關心。」

怕難題，畏懼痛苦，會讓我們採取退卻的行動。要注意，退卻的行動即刻帶來消極的思想、心態和負面的情緒；然後又會接著反應出更退卻的行動，這會造成惡性循環。所以我很慎重地告訴這些孩子，「如果你不想繼續陷在那沮喪或無精打采的生活之中，那就得開始對那些困難給予正面的回應，設法解決，這就能引領你走出迷津。」

以前有一位學生問我：

「你工作那麼忙，要做助人的工作，要寫作和演講，又在報紙和雜誌寫文章。請問你怎麼有把握答應那麼多稿約？」我說：

「這樣才有挑戰性，它使人振作，活得充實。」學生接著問我：

「如果寫不出來怎麼辦？」我說：

「我會有耐心地坐下來想，拿起筆好好的寫。我知道困難總是給肯花功夫的人圓滿的答案。」

我經常在工作上碰到難題，但是我樂於接受挑戰，特別是在繁忙的工作之後，願意去想，去找人協助，去結合更多力量來解決難題。人的頭腦，在強行使用和不畏懼苦的耐心下，常常會表現出驚人的智慧。

8 在失敗中求勝

人都想追求成功，但一定要踏在失敗的落葉上，才能尋找到成功的捷徑。依我的觀察，聰明的人，往往捷足先登，資賦平凡的人，則要多受幾次挫折才嚐到成功的滋味；然而聰明的人往往栽在已建立一定基礎之後，平常的人則苦於敲門磚難尋。

經驗告訴我們，找不到成功門徑的人，多半是因為手中工具不足，能力有待磨練、學習，或者好高騖遠走錯行等等。因此，只要他看清自己能做什麼，紮好根基，相信要過個成功的生活並不困難。

我所謂的成功生活，不是大富大貴，而是安定的謀生，漸漸的拓展事業，在工作中學習、經營和成長；終究會有一些成就，令自己覺得滿足，覺得平穩安定。生活成功者他們在精神生活上，往往能有充實和喜悅之感。如果機緣好，遇到可以發揮的契機，他們也能一展鴻圖。

我對於失敗的觀察，特別注重那些已有一定基礎，是在成功的道路上，突然失控，一頭栽到坑洞裡去的人。這些人很少主動來尋找晤談，通常是被配偶或家人勸說而來，在這類個案中，可以發現到幾個共同性格特質，我認為這些因素就像病毒一樣，侵襲成功的路基：

- 他們有一對壞眼睛，看別人都無足輕重；看自己卻很自負，瞧不起別人，容易當面給人難堪。
- 人際關係差，往往陷於孤立無援；那些順著他的人往往提不出針砭之語，而能告訴他真相的人，卻因為很少來往，聽不到他們的真話。
- 剛愎自用，以為只有自己的看法才是對的、有創意的；他們過於相信創意，而忽略了現實和趨勢的轉變。聰明人所作的錯誤決策大多是從這裡來的。
- 疏於掌控業務的真實現狀；相信只要會用人就可以，卻疏於掌控全盤，犯了不顧後果的毛病。

- 野心催促著他走向躁進，搞不清楚魄力和輕率之間的差別。
- 經常懷著壞心情，怨天尤人，不情願工作。

有些人的學歷高，過去在學校裡保持名列前茅，他們喜歡跟會讀書的人在一起，人際經驗有限，對於如何與一般大眾打交道，所知不多；特別是在工作職場上，什麼樣的人都有。他如果還抱持著孤芳自賞的態度，就很難跟別人打成一片。這些人有一種思考的盲點，把與人打成一片的親和力，誤認為是降低自己的身價。久之，他成為孤獨的人，他不了解同事，當然也不了解真實，在效率上出現狀況是無可避免的。

在經營的領域裡，一群自認為傑出的人在一起，本來是一件好事。但是這群人最容易犯的毛病是同質性太高，他們會排斥不同的觀念和經驗。他們所作的決策，也許是大好、也許是大壞，但他們往往在兩者之間毫無警覺，因為他們信心十足。

我認為失敗的最大線索是：人在該聽到忠告時沒有人敢告訴他；需要別人

建言的時候，聽不到那寶貴的聲音；需要別人鼓勵和幫助的時候，得不到別人的援手。自傲、人緣差、好強而不了解自己實力的人，是很容易在現有基礎上垮下來的。

所以，現代教育的趨勢，非常重視合作能力的培養。這幾年來，歐美教育特別注重合作學習，主要目的是養成有效合作的態度和技巧，這不但能激發創造，提高學習效果，從而發展適當的人際關係能力。每一個人的能力都不相同，各有自己的擅長，唯有廣結善緣，與別人合作的人，才能獲得成功的生活和事業。

我們生活在一個資訊發達的時代，別以為你可以在電腦和各類媒體上，得到所有需要的資料。其實，資訊的研判和選取，還是需要聽聽朋友的討論和看法，尤其是情感生活，如果你陷於「獨學而無友」，那麼情緒和情感的生活，將會面臨鬱悶和沮喪。請注意！當你的情緒逐漸降低到一定水準時，工作意願和鬥志就會隨之瓦解。

情緒低落的人不但生活品質受到破壞，也同時影響社交的興致。他們常陷入孤獨，要不然就是每天處於聲色娛樂之中，以逃避壞心情。這些人看似歡樂，其實生活品質極差。他們承受著極大的痛苦和絕望，在生活與工作上陷入膠著狀況。

我觀察生活和事業失敗的線索，一方面來自能力的不足，這只要肯努力學習，大抵能順利解決；另一方面則來自為人，一位自大、不屑與人合作的人，即使已踏上成功之路，還是會從平坦的大道上滑下來。

9 交談中的新機

職場上人際互動的品質，決定了別人對你的觀感，影響及於對方的情緒、思考和反應。你的儀表和談吐，很快傳輸第一印象給對方，當對方覺得溫暖、親切和投緣時，彼此的距離拉近，防禦性降低，一種難以名狀的友誼和氣氛，就在互動中產生，許多事情都變得好談，相互了解和合作的可能性就增加了。

所以，你想要跟別人打交道，一定要下功夫準備：要對對方有所了解，要有共同熟悉的話題，才能把前置氣氛帶起來；特別要欣賞對方值得你肯定的創造性活動，如發明、研究、新產品或新措施等等。閒談是談正事的前導，是帶入會場討論嚴肅話題的潤滑劑。

多年來我參與行政工作，從地方到中央、從公關到負責部門業務的推廣，往來於群眾之間，接觸各類人，發現有些人，在社交或公共場合上與人談話，很自然切題，投緣融洽。他們在閒聊中表示肯定你、了解你、尊重你，在這種情況下，你很容易與他會心，談事情也就容易了。善於閒談的人，不是在逢迎你，一味給人戴高帽子，這樣只會造成反效果，因為虛情假意在談正事時，會形成絆腳石。

閒談給別人第一面印象，它會投給對方一個先入為主的印象。虛偽和僵化固不可取，不當儀態和禮貌亦容易帶來不好的後果；不過，腦袋瓜子空空的，才是由閒談進入正式交談的最大忌諱。因為會前的閒聊能促進了解、建立交情和形成默契的橋樑，如果你不知道談什麼，那就有些彆扭了。所以，除了上述所謂了解對方之外，你每天都要看報、看電視，讀一點流行的雜誌，無論你喜不喜歡，看看這些讀物，令你有閒話可聊。不過別忘了，你要機警地了解，對方對你的話題是否有興趣。

交談有時用在求職上，你當然要注意你的穿著打扮，它是求職交談過程中相當具決定性的因素。因為這些也是語言，它不說一句話，卻不斷流露訊息給對方。你用千言萬語敘說自己多能幹，但是你的儀表、穿著和打扮，若不能給對方一些稱職、穩重、可靠的風格，很難得到對方的信任。

我在甄選人才時也不例外，對於儀態很重視。

有位求職的年輕人不信邪，他說：「我工作表現傑出，有能力解決問題，公司應該重視我的內在。打扮又不影響工作表現，我怎麼穿著有什麼關係。」

結果比他程度差的人錄取了，他名落孫山。這件事情讓他大惑不解，向我抱怨徵才單位有眼無珠。我耐著性子告訴他：

「請你想想，你的才能和內在條件，是要在上班工作以後才表現得出來，他們目前還不知道你的真本事如何。但你的打扮這麼不得體，還穿著一雙涼鞋，這等於引導對方，從不利的角度看你，而且他們還以為你的缺點比他們所能看到的還多咧！

「同時請注意交談時的身體語言，它所能傳遞的訊息，根據心理學家的研究，佔百分之五十五；你不注重儀態，就表示不介意這份工作，不重視這個公司。當然，你也不必過度打扮，或在表情態度上過度逢迎，好像你非得到這份工作不可一樣。你的態度和肢體語言所表現的應該是可靠、自信和機警，而不是自負和自命清高。」

交談在社交上用得也多。怎麼作社交的交談呢？我認為談話的技巧當然很多，除了禮貌和中聽的開頭語之外，最重要的是：

- 除非有必要，不宜只顧談自己；唱獨角戲，人人討厭。
- 說話切題，不可長篇大論。
- 幽默就像調味品，要把握機會用，但不可多用，否則會變成不正經。
- 向對方提問題，這有助於了解對方，也讓對方有一吐為快的機會。
- 傾聽和目視對方，表示你對他所說內容的興趣。
- 社交性的交談，重在友誼和結緣，應避免產生對立的爭辯。

交談是一種魅力，它不但用在社交上和工作上，更用在家居生活上。家庭的交談，如能保持風趣，維護自尊及多方面的知識交換和討論，避免權威訓斥和獨斷的命令，自然構成溫馨的氣氛。這時，你會發現每一個人都會有魅力，都有創意和愉快的心情。

10 採取行動改變自己

每一個人都活在自己的想法之中。人懼怕時就會產生擔心，行動開始猶豫，態度變得消極。若沒有正確的目標，就會覺得徬徨，甚至不知所措，或無所事事。反之，人若有了自信，有了目標，自然振作精進，神情愉快。這不只在世俗的生活如此，在宗教信仰上也是一樣。

有人常問道，「我很鬱卒怎麼辦？」「我很不開心怎麼辦？」「我很擔憂怎麼辦？」我總是告訴他，要採取行動，才能克服不好的心情；做幾件有意義的事，讓自己振作起來。

一位高一的學生說他不喜歡讀書，每天又不得不到學校，既痛苦又無聊，想輟學去打工就業，又覺得不心甘情願。我告訴他：

「你的心靈正在空虛飢餓。很長一段時間，你沒有做一件對自己有意義、有價值的事，所以你覺得空虛、無聊。你的學業已荒廢好一段時期，要跟上學習進度有困難；另一方面，你並非因另有興趣而不想讀書，結果目前這種索然無味的生活，讓你痛苦不已。」

年輕人跟我交談，從周遭的生活感受，談到廝混的朋友，再反省自己在家裡待不下去的現象。接著我們談花錢無度、抽菸成習和寂寞等等。繞了一圈回來，問題的核心就是寂寞無聊。

「現在你看清你的問題了吧？」

「我知道我很無聊，所以愛玩、花錢、抽菸等等。」

「針對自己現在的生活，作一件有價值的事，讓自己不再空虛，讓自己覺得有所成就，如何？」

「我能做什麼？」他一臉惘然的表情。

「在功課之中去找。」我直截了當告訴他。

我開始向他解釋，每一個人都注定要在自己的現實中，尋找有意義的事，好好去做，去刻苦成就它，這樣就能引發積極的思考和態度。你必須像發動機車一樣，用力一踩，而且要踩在發動的搖桿上才行。

「試試看，做點什麼，而且要克服一些困難，竭力去做，那就能改變自己。你已知道，繼續目前的狀況對你沒有任何好處。」透過我的建議，經過他認真的思考，終於有了答案。他下定決心，傾全力好好練習他最有興趣的數學，在段考中考個好成績，給老師和父母一個意外驚喜。

他摒除一切干擾，全力投入他的數學；找了許多資料閱讀、思考和練習，其他科目只維持往日馬虎的水準，能低空掠過就是了。經過一番打拚，數學科目只稍經過一個月的努力，果然考得好成績。

行動給他帶來新的心情和想法，他開始脫離空虛和無聊，連交友的習慣都漸漸有了改變。我肯定一個事實：只要能採取積極的行動，就會有新的思想和心情。

我自己也有一個體驗。幾年前卸下公職之後，經過整理書房、料理私人雜務之後，開始了寫作計畫。但不知何故，總在筆耕工作時心浮氣躁，或在書房裡踱方步，或者到客廳繞圈子。我知道過去忙碌於公務，到處奔波的習氣猶在，一時心境調適不過來。自忖這樣的情況過陣子應該會歸於平靜。可是，兩週過去，半途起坐繞行的毛病依舊，心境還是浮而不靜。我開始反省檢討，知道它是耐不住寂寥的心情；沒有全心安住於當下，我和自己沒結伴起來。誠如心理學家佛洛姆（Erich Fromm）所說：「我與自己疏離，感情與理智分了家。」

當我覺察到它時，心裡便起了慚愧之心。於是，採取行動，下決心禪坐，每日半天，甚至連讀書寫作也跏趺坐，連續數日，豁然覺得自己能安住清淨，開始專注工作。於是，我每天早晨都經過禪定的課程，才開始一天的工作。

在佛陀的教誨中，最基本的生活規律就是八正道。正精進就是其中的一項，依我從經義中了解，它的真諦是：打起精神來，做有意義的事，讓智慧得以開展。

俗語說：「人怕站，不怕慢。」要改變自己的壞習慣，就得打起精神及時行動，即使做起來緩慢，只稍堅持努力，就能克服困難，實現預期的目標。

貳 隨時培養心情

【篇頭語】

心情的好壞受主觀因素影響殊大。你用悲觀的眼睛看世局，憂愁和不安即刻襲上心頭；你用樂觀的態度去看待自己的遭遇，就能增添信心和活力。悲觀是一種錯誤的思考習慣，它把一個錯誤看成全部，把單一的挫敗泛濫擴大成整體，就像被洪水淹沒了一般，陷入絕境。所以要隨緣覺察，保持樂觀，揚棄悲觀。

人若要隨緣培養好心情，就要懂得在忙中偷閒，從悠閒中培養興致，去發掘生活中優美怡人的小事。你忙的時候，看不到山是青的、雲是白的；待你心情進入悠閒，就能看到許多令人莞爾美妙的趣事。

與悠閒同樣重要的是雅興，它能為生活增添許多情趣。雅興是指你能用不急之務的心，去創造一些生活的美和典雅，去體驗生活中的輕韻。不妨利用週休二日，安排一些輕鬆的活動，做一點有趣的雅事。

世事是無常的，沒有一件你喜歡的東西可以永久持有，也沒有你討厭的事會緊跟著你不放。無常變化，永不止息，所以要隨緣培養開朗的態度，才是正確的立身之道。

我總覺得愛和溫柔，是人生最美的兩件事。特別是溫柔，它就像是生命的樂章，請注意多欣賞它，多創作它，好與你的家人和朋友分享。一個人的愛心要像綿芋一樣，不斷分株擴展；愛也要像木椿一樣，隨時支持別人。

心靈世界的兩種力量：一種是成長的力量，一種是毀滅的衝動。成長與墮落的分野，就在於你跟隨哪一種力量走。工作經驗告訴我：掙脫自毀的衝動，是喜樂與光明的唯一選擇。它的方法是隨興培養好心情。

1 你可以選擇快樂

快樂不是追求來的，而是你對日常生活的感受和評價所產生的內在迴響。如果你覺得迴響是舒服的、歡喜的或愉悅的，那就是快樂；如果你的內在迴響是不悅，甚至是難耐的，那就陷入不快樂或痛苦。

很多人想要追求快樂，在物質生活上提高享受，在感官或情意上增加刺激，結果一時的激情和快感，仍然不能排遣沮喪。為了使自己能維持快樂，於焉增加物質的刺激和激情化的生活素材，或是對自己家人、子女，提出更多要求或挑剔，結果失望、衝突、無奈接踵而至。

不當的追求快樂，失去的快樂也越多。我在心理諮商工作中觀察到，快樂不是追求來的，而是自己對所遭遇的事所作的解釋得來的。簡單的說，人若碰到挫折，直覺地把它解釋成一輩子歹命，就會陷入無奈和絕望，而反應出消極的情緒。反之，若把它解釋為暫時的逆境，只要想辦法，就能克服它，信心和熱情又再度被挑喚出來，這就引發樂觀的想法。

曾經有一位滿臉愁容的爸爸來找我，他說：

「我的兒子令我絕望。他不聽話、不肯用功讀書，還會頂撞我，用錢不知節制。我被他氣得半死，夜裡不能入睡，連工作的士氣都受打擊……。」我專心聆聽他的傾訴，他說得越多，我越了解到這位父親就是標準型的悲觀主義者。從他的敘述中，他幾乎犯了大部分悲觀者的不正確思考方式：

- 把一件不如意的事，看成全部的不如意；孩子的一件錯誤，總被他解釋成危及前途的錯誤。
- 把孩子現在的叛逆、用錢不當行為，看作孩子一輩子的缺點，而使自己陷入不安和絕望。
- 對於生活上的挫折，習慣性地往消極面去想，總認為要克服難題是不可能的。
- 不懂得轉圜，沒法打住消極性思考的惡習，不能採取新的行動去培養樂觀的態度。

一個悲觀、愛批評、不肯說鼓勵話的父親，加上孩子的叛逆和不當行為，就使父親和兒子陷入水火不容，發生嚴重衝突。這位父親模仿兒子的語氣說：

「我兒子罵我冷血動物，指責我小氣，說我比豬還笨。老師！這些話是堪入耳的嗎？」我告訴他這些話是過火了，是極不當的憤怒發洩。不過，我卻問這位父親：

「人在衝突時，什麼話都說得出來。沒錯，這是極富攻擊性的話，你說它是惡毒也不為過。不過，你能告訴我，在衝突之後，你的感受怎樣？這些話會影響你對自己的評價嗎？」他沮喪的表情，無助中帶著憤怒，他說：

「他傷害我的自尊，他讓我覺得自己一無是處，無地自容。」然後，用雙手捧著臉痛哭一場。等他哭完，我說：

「兒子的話只是憤怒的表示，那是跟你衝突時的工具，而不是對你的評價，你要把它區隔開來。否則，你永遠沒有樂觀的態度去教育兒子。

「現在，你要學習培養樂觀的態度，不要把單一的事件解釋成孩子的全部缺陷，不要把暫時的衝突看成永遠的絕望和失敗。請留意，不要把錯誤通通往自己身上攬，也不要一股腦兒想著都是兒子的錯。衝突時，要把握如何化解它，並使它成為心智成長的助力，而不是看著衝突發愁。」

於是我給了這位父親處方：當親子衝突發生時，記得先叫停，想清楚怎麼辦之後，再採取行動。這位父親與我談了兩次，竟然發展成家庭諮商，樂觀與有效的溝通成為重建溫馨家庭的起點。

你快樂嗎？如果你想當不快樂的人，就照前面悲觀者的思考方式去做，保證你越來越痛苦。如果你想過得快樂，讓心智不斷成長，那麼請試著照我給這位父親的處方去做。

2 悠閒生趣喜自在

在平常素樸的生活中，只要稍稍保持平靜，就能覺察到許多優美怡人的小事。它能令你生活悅樂，心靈充實，更能洗濯浮誇虛華的習氣，從而帶來幾些愜然自得的淡淡歡喜。

人要懂得在平常生活中享受美和情感，否則就會變得空虛、飢渴、一意向外追求感官的滿足。人的野心和慾望通常是在空虛飢渴時才會如火般的燎原。像今天，家裡的軟枝黃蟬開了一朵黃澄澄的花，我站立在陽台，看著它迎秋風飄颺；枝幹柔柔地延伸出去，就在翠綠的枝頭，懸掛著一朵盛開的花和一個待放的苞。花的姿態婀娜動人，花兒帶著笑意，我陶醉其中，感受到安定的喜悅，體會到這也是一種定境，是在打坐中似曾相識的體驗，它是初禪的入門。

過去靈雲志勤禪師在看到桃花時開悟了，曾寫下詩句：

自從一見桃花後，
直至如今更不疑。

我能了解靈雲當時的悟境，也知道只要心情保持清閒，維持童心一般的驚奇和覺察，日常小事都能帶來豐富的心靈生活。更明白的說，只要保持敞開的心，喜樂的事真是俯拾可得。張九成聽到蛙鳴，得到禪喜，而寫下偈子：

春天月夜一聲蛙，
撞破乾坤共一家。

禪家告訴我們，喜樂和豐足的心靈生活，是來自舒坦無障礙的心。它令人完全體驗到「耳聞之而成聲，目遇之而成色」，真是美妙無比。

陽台上，一朵花令人開啟喜悅，定睛看看旁邊的蘭花，更令人驚奇：一支嫩芽從土中鑽出，就像躲貓貓的幼童，露出天真的稚意。這時，許多喜樂自然湧上心頭；那是無心的喜樂。

今天是連續放假的第二天，塵勞已經滌除，心中沒有旁騖，或安坐書房，或沏一壺茶品茗，或陪著秀真漫步山坡，有著敞開的心和寧靜，這種喜樂是豐富的，也是平淡的。我曾經有過初禪的經驗；那是無心的專注，自然的覺觀，悠然的喜悅。

這種定境並非只在打坐中能有，而是在平常的行動中也一樣出現。當心靈淨化時，覺察和觀照自然出現，就像近視的人戴上眼鏡，一時分明清朗，神清氣爽。我可以了解到法眼文益為什麼要寫出：

幽鳥語如篁，柳搖金線長；
雲歸山谷靜，風送杏花香。
永日蕭然坐，澄心萬慮忘，
欲言言不及，林下好商量。

法眼這首詩原來是因為「澄心萬慮忘」而起的，是經過蕭然坐之後的清淨心靈，才有了這種覺觀，才發現鳥語如音樂，柳枝的擺颺像金線一般的精緻美妙，山谷的雲和春天的風，都能帶來無比的喜悅和豐足。

我相信每一個人都可以為詩人，只要心是清淨覺察的，就可以永日豐收。你不必擁有詩的寫作技巧，自然流露著詩心和詩興。企業家松下幸之助曾說：一個人必須經常保持詩心。現在我有所了解了。

對於初禪的領悟何止如此：我發現祖師們似乎一一現前為我說法；我見識到為仰宗的兩位開山祖師，在採茶聲中演示了道的精奧；也見識到藥山為何會「有時直上孤峰頂，月下披雲笑一聲」。不過，他們所承傳的詩句和行持，也只不過是文字而已，如果不是敞開心去揚眉瞬目，又怎麼能展現那活潑的詩興和自在呢？信哉！道信大師說：

夫百千法門，同歸方寸；

河沙妙德，總在心源。

因為假期，我過著悠閒的日子，雖然也看書、寫作、會親友、登山眺望，但心中無事，國泰民安，所以抬頭能見萬里一片雲，定睛可賞黃蟬紅花朵朵。親友來往語清話妙，平常凡俗的事，都像甘霖之後的花木，變得生動美妙了。

3 隨緣中的雅興

早春的星期天，秀真和我迎著和風，頂著晴暖的麗日，到後山散步。接近晌午時分，山上往來的遊客不多，我們一步步登上山嶺，沒有說話，只聽到彼此的腳步和氣息聲。這時的氣氛和心情，令人覺得輕柔安定。它寂靜而不寂寞，恬淡中流露著雅興。

我們欣賞花草樹木，傾聽鳥兒悅耳的歌聲，來到一個斜坡轉彎的地方，目光共同移向幾棵楓樹。我們只向它瞄了一眼，楓似乎已為我們說了無盡的話語。樹上的葉子大半已落，留在枝頭上的紅妝片片，更是零落惹人憐。但這幾棵大楓，似乎在默默演說，它們是何等的豐富，何等的自在。秀真引了禪偈：

樹凋葉落，
體露金風。

這是雲門文偃大師的佳句；第一句是弟子的問題：「樹凋葉落時怎麼辦？」雲門的回答很簡捷：「體露金風。」

隨即秀真問道：「世上有誰了解雲門禪師的深長意味呢？」我說：「去年元月時，綠意上枝頭，今年春未至，楓紅落滿徑。」

她接著問我：「你覺得感傷嗎？」我說：「那是無常的表露，是生命現象的揭示，有誰可以插嘴，說一句感傷的話呢？」

我們默然站在楓樹下，接受「體露金風」的洗滌；共同領會在「無常」的背後，有一個永恆的法體，彼此謙虛得不敢在楓樹下說什麼。我們欣賞這幾棵大楓樹，春夏時青翠成蔭的柔美，嚴寒時枝枝直插雲際的悲壯。我們拾起一片片紅葉，捧在手裡，窩在心頭，不一會兒，像豐收一樣盪漾著無盡的喜悅。

我們越過小徑，邊走邊欣賞手中的楓葉，在陽光中格外嫣紅。

秀真說：「這像花，不像葉。」

我說：「不起分別心時，是花是葉，非花非葉，都可以任君說。分別心一起，非花非葉的禪句也救不了紛繁錯落。」

秀真說：「仔細端詳時，葉非葉。」

我說：「片片艷紅透禪機。」

楓葉紅如琥珀，杜英的落葉紅得更鮮麗，只要從樹下走過，俯拾可得。我們一片一片小心的撿拾起來，捧著、挽抱著，最後紅葉泛著喜樂的陽光，迴映在我們的雙頰上，化做我們的春裝。

她說：「我們拿這些瑰玉般的楓葉供佛如何？」

我說：「從一開始就上供了；楓把春綠供在枝頭，冬把楓紅供在山野小徑，秋風春日，有無量佛來受供，所以鳥兒婉轉唱頌，林木風濤法器一時齊鳴，你不是參與其間了嗎？」兩人相顧會心一笑。

她興致顯然未減，說：「這種供奉可有經典依據？」

我說：「有，佛陀拈花微笑即是。」

「可有人信受奉行？」

「有，無量無邊的無量壽佛。」

「可否舉一古德實例？」

「大唐天柱崇慧禪師。有朝一日，弟子問：『如何是道？』答曰：『白雲覆青嶂，蜂鳥步庭華。』」

「怎麼實踐這樣的道？」

「套用天柱的說法是：獨步千峰頂，優游九曲泉。」

我們邊走邊逗趣，轉了幾個彎，下山來到真修寺。這兒寧靜得春光明媚，大殿上空無一人。我高興得把滿捧滿懷的楓紅杜英，洗淨裝盆，恭敬地供在供桌上，心裡覺得無盡自在和喜悅，因為沒有人來多嘴，插話問一句，「怎麼可以拿掉落下來的樹葉供佛呢？」

我們靜坐片刻，似乎找到印心之處；華開華落，葉綠葉紅，循環不已，是色是空，是空亦是色，我們合掌笑著對佛說，「色即是空，空即是色」，然後步下殿前台階，踏上歸途。邊走邊談，談起無常和變遷，談起精進與智慧，談起在無常中打起精神，活得豐富有意義，同時要在無常中看清不我執的恬淡。

4 開朗面對無常

世事是無常的，周遭的人事環境不斷在變化，如果我們不用創意的智慧去適應，生活就會發生困難；如果我們對於無可挽回的變化，不能看透它的本質，而執著於過去的記憶之中，就會產生強烈的失落感，引來更深的痛苦。

人必須看清生活之中無常的本質：沒有一樣你喜歡的東西可以永恆的持有，也沒有一樣眼前的遭遇不會流逝，苦與樂是生活情境中所發出的音聲。如果抱緊已過的事件不放，就會脫離現實，產生許多錯誤的回應，帶來更多痛苦。

曾經有一對夫婦，從遠地來和我晤談，他們為愛子的橫死而傷心欲絕，事情已經過了半年，孩子的臥室、用具和書籍，保持完好一如生前。他們說這是一種愛和懷念，這是為人父母者愛不能捨的心情。我很能了解他們的處境，但是他們天天觸景生情，不斷想到愛子血淋淋的境況，而活在沮喪、哀傷、精神不振和絕望的心情中。我問他們：

「愛子已逝，留著那些遺物和情境，徒然帶來更多哀傷。你們這樣做對愛子有益嗎？對你們有益嗎？」

他們搖搖頭，接著又是痛哭失聲，我以專業的口吻問下去：

「你們對孩子的感情至深，令我感動。容我再問：孩子來人間走一趟，受到你們的愛和溫暖，現在他必須回到極樂世界或天國，請問你們如此的哀傷，如此保留過去的生活環境，讓他一直幻遊在你們的身邊，既不能活著為人，也不能放心往生極樂世界或天國，這樣對他好嗎？」

「大概不好。」他們停止了哀泣，以嚴肅的心情面對我。

「好！你們的孩子一定很孝順，是不是？」

「是的。」他們說了許多孩子乖巧、孝順和品學兼優的事。

「你們這麼難過，哀傷不止，孩子有知會不會心疼難過呢？」這時，這對夫婦有了面對現實的表情。於是，我又問：「你們願不願意做一些努力，採取行動，改變自己的生活，讓日子過得好些，也讓孩子心安，得以往生極樂淨土呢？」他們終於道出肯定的答案：「願意作一些改變。」

這是他們能脫離哀傷重要的第一步。從這一步開始，他們打理愛子的房間，該送的送，該收的收；他們為孩子又作了一次法會，這樣他們才心安，然後計畫新的生活方式。他們看清了無常，看清無常中的真愛：既是互愛的，也是彼此自愛的。這個家庭逐漸走出陰霾，迎向陽光。

在《法句譬喻經》中記載，有一位痛失愛女傷心欲絕的梵志，向佛陀請求開示，因為他憂惱憂憒，不能自已。佛告訴他說：

有常必有無常，
有富貴必有貧賤；
有和會必有別離，
有強健必有死亡。

佛陀要他看清事實真相，要活在真實之中，而非生活在絕望或執著於虛妄之中。後來梵志開解了心結，而成為一位懂得生活智慧的人。

人最忌執著在自己所設的不合理框架裡，這一來創意全消，心靈的自由也會斷送。你看，如果一個人堅持著不合理或缺乏彈性的觀念，就會變得痛苦不堪，例如：

- 凡事我應該做得好，受到別人的讚美或尊重。
- 別人應該公平對待我、體諒我和尊敬我。
- 別人應該要了解我的立場，替我想想才對。

世事無常，每個人對事情的看法、感受和判斷都不一樣，如果死抱著這些觀念，就會挫折和不滿，不是造成憤怒，就是引致不平，這就沒有一天好日子過了。所以，你要對這些真實現象有所了解，才不致造成心情或情緒上的紊亂，急欲爭取別人的尊重，尋求公平的待遇，要別人了解自己的立場。

無常的變化，若能以慧眼來看，以創意的耳朵來聽，以智慧和彈性的心境去面對，你會發現許多的美感和創作。美感是從窠穴的侷限中跳躍出來的新奇和協調，韻律是在變化中組合而成的柔媚與優雅。人類的驚奇、創造、發明和慈悲，乃至宗教上的開悟，都從無常中看出它的真相。

大自然是無常的，所以有四季之美，能體驗它的啟發，才會唱出「春有百花秋有月，夏有涼風冬有雪」的美麗詩句，才能畫出傳神變化的人物景緻，也才有「耳聞之而成聲，目遇之而成色」的才氣。無常的變化啟發我們，孕育我們，給予我們豐足和多采的生活。

無常是美的、喜悅的、創意的；但相對於執著的情感而言卻也是痛苦的。可是，我們明明知道是無常的，就應該對於執著保持適可而止的省覺，要多去品觸無常迅速的變化、美和曠達才對。

人生就是要跨越一段無常的路，但要走過這段路需要一些配備、工具和地圖。請記得，你是在運用這些裝備來走無常的路，卻不是執著在裝備之中，不敢跨出無常的人生路。

5 溫柔的精神餽贈

柔能克剛，是一句耳熟能詳的話語，但卻很少人能了解柔在心靈世界裡是一種安定、化除障礙、孕育高級心志的素質。在心理學上，我們把它稱作溫柔；它使人感受到愛、尊重和關懷，在沒有壓力和敵意之下，引發內在的反省和喜悅。溫柔的人，總能體諒對方；他不急迫，也不功利；不是要強制對方聽從，也不是冷漠疏離，而是彼此共鳴和同理，體會到真正的互愛。

溫柔是人類特有的天性，是精神成長到一定層次時，才發展出來的。溫柔是家庭中最重要的精神力量，無論是夫妻的感情，親子間的互動，都需要它。溫柔能消除人際摩擦，給人信心和勇氣，培養良好的性情。家庭生活中溫柔越多，孩子的人格成長越碩壯，夫妻的情愛更甜蜜；它使人更有精神去工作，更有創意過生活。溫柔是人生的守護神，是家庭的平安符。

請別把溫柔看成母性專屬的特質，溫柔沒有性別之分，它是人性至高的流露。傳統家庭教育，一直存在著嚴父慈母的古訓，以為父親要扮黑臉，母親要扮白臉，才能把孩子教好。事實不然，家庭教育果真用一白一黑的方式教下去，必然要出現一些問題。依我的觀察，父母親都要採取權威的民主，才能把子女教好，而且要在權威和民主之間加上溫柔作調和。

接受溫柔的感受，使你永遠懷念，長保心靈的溫暖。它是父母親能給孩子最大的禮物。在我的記憶中，父親是大脾氣的人，凡事直截了當，如果惹毛了他，就可能來一頓迅雷飆風般的訓斥。可是，有幾次溫柔往事，卻永遠溫暖著我的心，也對我往後待人接物和教育子女，有著很深的啟發。

念高中的暑假，我跟父親上山墾植，種些番薯當糧食。墾植的山地離家很遠，走路要兩個多鐘頭的行程。有一天，我忘了帶水，到了中午吃飯時，父子倆已經渴得連飯都嚥不下了。夏天的烈日，加上粗重的工作，汗水都流光了。父親的脾氣是會罵人的，我很擔心他在這時候大發雷霆。

出乎意料，我看到他臉色和藹，語氣溫柔地說：「你先用午餐，我設法去弄點山泉水來。」我知道他要越過數百公尺的荊棘，才能抵達涓涓細流的山泉。過了好一會兒，他用山芋葉包了兩袋清洌的泉水回來。那時我已用完飯盒。他說：

「山泉水恐怕有馬蟥，不小心讓它寄生在鼻孔裡可不是好玩的。你把嘴巴張開，我慢慢把清水倒進你的口裡，這樣比較安全。」

我知道馬蟥總是附著在不容易看到的地方，牠一嗅到人的體味就會彈跳過來，貼在人身上吸血。如果沒有察覺，牠可以吸掉十幾西西的血，而且在馬蟥吸飽了血掉落之後，被螫吮處還會繼續流血不止。在山上工作的人都很注意預防牠的侵襲，所以我張大了嘴巴，一口一口把自父親手中緩緩倒下的山泉水喝光。

我喝得很過癮、很舒暢，清涼得像這一輩子再也不會受渴的感覺。父親笑容滿面，沒說一句話，卻在我的心中留下述說不完的溫馨和詩篇一般的回憶。我知道這就是溫柔，是人性中美得像那清涼直滲肺腑的山泉水。我可以了解老子說的「上善若水」是什麼意思，因為它是何等的柔，我們的身心都需要水，而溫柔就是心靈生活的水。

還有一次，我又被父親的溫柔感動。那是我念大學的時候，他隻身在台北作水果生意。當時，他生意失敗，身負債務，手頭當然拮据，可是我缺生活費用時又不得不找他資助。那是一個嚴冬酷冷的夜晚，我去找父親要經援，正巧他外出，得不到經援的沮喪落寞於焉襲上心頭，我獨自踽踽走出中央市場，凜冽的風颸得我發抖。正當轉角處，我看到父親的身影，正在一個露天麵攤的位子坐下。我喜出望外走過去，跟父親打招呼。

父親在寒風中也發抖，夜裡快八點了，他尚未用晚餐，嘴唇凍得發紫。一見到我，立刻要我一起吃麵；一碗熱騰騰的湯麵，吃進肚子裡有說不出的溫馨。他關心我的生活情形，兩人作了簡單的交談，因為風大天氣冷，我們只好狼吞虎嚥，草草結束麵食。他知道我的來意，從口袋中掏出一把鈔票，「這是今晚收到的賬款，通通給你；天寒地凍要吃飽穿暖才行。」他凍得發抖的手，從懷裡拿出暖暖的現金交給我。當時，我感動得眼淚奪眶而出。

這些點滴舊事，每當我憶往的時候，都會活生生的浮現腦海。我總覺得父親雖然脾氣急，但也留給我不少溫柔的往事。這些感人的記憶，卻成為我一生中最大的財富，從中我不斷地反芻，成為生活的態度與智慧，更重要的是它給我幸福和生活的價值觀念。

生活中有嚴肅的一面，有溫柔的一面，這兩者相得益彰，無論在待人接物、夫妻之道、親子之情都各有嚴肅和溫柔面。依我看來，嚴肅給我們振奮和能力，而溫柔給予我們靈魂和幸福感。

6 綿芋和木椿的啟示

過去我任職的教育部訓育委員會，是一個道地的學習型組織。每星期同仁們一定會分組討論，分享工作經驗，彼此互相支持鼓勵。每隔兩個星期舉行全體研習，請專家學者來作專題演講。當然，所談的主題均與訓輔工作有關，所以，我們的士氣高昂，合作的氣氛良好，新的構想和創意不斷激發出來。

有一次，我跟同仁講話，對於大家的表現表示激賞，尤其是同仁彼此對業務相互了解，互相協助，使工作效率提高，更創造了如同家人般的友誼和溫馨。於是，我為他們說了一段有趣的比喻。我說：

「大家能夠互助合作，共同激發創意和熱情，這種工作態度，已成為我們每個人性格的一部分。這裡的每一個人，無論到哪裡，都會有創意，能生根發芽而茁壯。大家要好好珍惜這種高貴的生命力。

「我給大家一個比喻，好記得這段時間所獲得的經驗和智慧。你們可曾看過一種芋頭俗名叫綿芋的嗎？這種芋頭，肉質是白色的，鬆軟柔綿，味道香美。它長在田裡，就會往四面八方伸展出去，長出一個個小芋頭，就是那群小芋頭最香甜可口。一年之後，那些小芋頭又往外伸展出去。

「我們每一個人都要向綿芋學習，在工作和待人上，要向四周伸出服務和熱忱，結更多的善緣，好獲得更豐碩的成果。人的成功妙訣就在這點上：肯結緣，肯服務，永遠保持活力和熱忱，就會有大豐收。

「另一種芋頭名字叫檳榔心芋，它只管自己成長，卻一直是孤零零的一個，沒有結緣，沒有擴展，長得再好也只有一個，它發展不出去。

「所以！各位要記得綿芋的啟示。保持現有的活力，不但能順利把訓輔工作推展出去，同時還能培養開展自己人生的性格。將來無論到哪裡，都能茁壯發展。」

記得這是一個星期三的下午，是在傳達部務會議決策後的講話。由於語出真誠，同仁的表情顯得親切，有著意猶未盡，希望我多講幾句話的神情。我有感而發，又作了一個比喻，來說明同仁們互助合作的好習慣。我說：

「合作與相互扶持是人類進步的動力。佛學上所謂『和敬』就是互相尊重和彼此合作扶持的意思。大家今天能培養出這樣的好習慣，是自己人生的一大成就，這個智慧可以用來成家，更可用來創業。請聽聽我切身領會的比喻：人的手裡，要經常握著木樁，看到樹將倒下來或者歪斜了，就要去撐著它。你看到周遭的人，在生活上、心理上、境遇上需要你扶持時，請用那無形的木樁去支持他們。

「家人彼此要互相扶持，家才會有溫馨，同事需要互相扶持，才會眾志成城發揮力量；國家社會也是一樣的。凡是不懂得合作和互相扶持的團體，最後必然落得離心離德，士氣渙散。

「教師要先扶持學生的信心，然後才可以指正錯誤。外科醫生要先維持病人的體力，才能動手割除病灶。扶持這件事，就用木樁來作比喻，那麼請記得手邊要隨時帶著扶持別人的木樁備用。」

綿芋和木樁只是隨興的比喻，對我而言，說過之後就把它「放下」，但是同仁們卻有了熱烈地迴響。我常耳聞他們說「綿芋」，說「木樁」，令我覺得莞爾溫馨。第二個星期，我到五樓的辦公室，負責編輯《輔導雙月刊》的同仁向我催稿。我說：「啊！豬頭皮炸不出油來，怎麼辦？」另一位同仁卻說：「我們不怕你交不出稿來，因為有綿芋也有木樁。」我真感謝這樣的提醒，當晚我把它寫成文章，和大家分享。

7 成長與墮落的分野

一般人毫無疑問地都認為，人應當經一事長一智，隨著經驗的累積，心智不斷成長，解決問題的本事會更多。但卻很少注意到，人的心理底層，同時存在著一種相反的力量，它被稱為自我毀滅的衝動。當個人受到嚴重的威脅或面對絕望時，這種消極性的衝動會突然竄起，不自覺地走向自暴自棄，甚至自我毀滅。

人類精神生活就是要超越這個野性的衝動，不要被自暴自棄或自毀前程所困。我們可以觀察到，心智健全的人，他們可以接受挫折和失敗，有耐力承受痛苦，而不會自暴自棄；在經過蓄勁和療傷之後，再度向前挺進。心智健全與否的主要分野，就在於能否化解這股衝動，創造更高層次的精神生活。

我觀察到自暴自棄、墮落、自殺或自我傷害的人，就是任由這股自我毀滅的衝動肆虐，戕害其生活。而人類精神生活的終極目標，就是要從這些邪惡力量中解脫出來。不能從中解脫出來，就會失去光明和快樂；若能擺脫它的糾纏，智慧和安定感就產生力量。

經上所謂：「世間是佛與魔共存的，但要歸於佛，而不是歸於魔。」現在我更知道念佛的道理，每當空閒，我總是提起正念來念佛，讓自己和精神世界的光明力量感應，就像充電一樣，得到無比的喜悅和積極的態度。

心智健全的人有幾個特質。首先，他們不逃避現實，卻更進一步去認清事實。他們了解自己的需要，也清楚地掌握目標，面對現實，設法解決。他們既不逃避現實，也不作白日夢：他們竭力克服障礙，並具備良好的挫折容忍力。

其次是他們喜歡自己，對自己有信心；適應力高，解決問題能力好的人，自然會對自己感到滿意和喜歡。從許多適應不良的個案中，看出案主的共同特徵是不喜歡自己，而且有自貶身價或憎恨自己的現象。不喜歡自己的人容易自暴自棄，喜歡自己的人，則樂觀進取。

喜歡自己的人，未必在各方面優於別人，他們的特質是自愛；能接納自己，珍惜自己所有的去成長、去實現、去發揮創意。這些人有其健全的自我形象，所以能不斷學習和成長。真能隨緣成長的人，都具備這種特質。

我發現那些喜歡自己的人，心理比較不容易受創；相對的，憎恨自己的人，不但常常心情不好，即使有機會也施展不開。喜歡自己和不喜歡自己之間，最大的分野是眼光不同——前者著眼於自己擁有的，善於運用現有的知識和經驗；後者著眼於自己沒有的，所以經常挑剔自己，形成退卻或自卑。

其三是喜歡別人，有愛護別人的習慣，能容忍別人的缺點，欣賞別人的優點。他們的人際關係較好，善於溝通，能結合更多人的力量，完成艱難的工作。喜歡別人就能跟別人合作，這些人知道的訊息比較多，得到的支助也多。他們對待朋友有情有義，別人也願意和他共事。

不喜歡別人的人，敵意較高，會為芝麻小事而動肝火。他們對別人的陳訴缺乏聆聽的習慣，所以同理心較差，對人的了解也不夠，這在待人接物上，形成嚴重的障礙。

其四是清楚的目標，並透過對於目標的努力，創造自己的前途和成就感。人有了目標和方向，就能克服種種遭遇，實現自己的人生。他明白人生免不了有挫折，世事無常難測，但他有了目標，念茲在茲，勇於學習和接受挑戰，終究有了自我肯定的本錢。這包括獻身某種價值觀念，如愛、智慧、宗教；或實現生涯的目標，如完成自己的抱負和事業；或對人生的體驗，如旅行或某種興趣的培養。有目標的人就能維持平衡，沒有目標的人總是在風雨中飄搖不定。

心智健全表示能不斷學習成長，肯去面對問題，設法克服解決。他們不會被自我毀滅的衝動所支使，其生活態度是積極振作，能開展創意和生活的情趣，這是我在諮商工作中所發現的真理。

8 掙脫自毀的衝動

人的心理活動，潛藏著兩股勢力：其一是面對真實，是刻苦和成長的動力；其二是自暴自棄，是傾向於毀滅自己的衝動。這兩種力量同時存在，互為消長；當我們克服困難，建立積極、主動的態度時，毀滅的衝動就漸漸式微，甚至被轉化成正向的精神力量。這是人類精神生活得以提升和圓熟的轉機，而愛和智慧就是那精神力量的光環。

相反的，當毀滅的衝動坐大，消極的特質增多，積極性和創造性被壓抑下來時，沮喪、頹廢和暴力就逐漸擴張，悲劇和暴戾之氣就明目張膽地出現。這是邪惡的傾向，是精神生活的惡魔。心理分析家佛洛伊德（Sigmund Freud）把它叫做死本能，而宗教家把它成為魔鬼。

心靈生活中，一直是兩種力量互相傾軋。你若不提高警覺，尤其在遭遇挫敗的時候，邪惡的消極性想法就會乘勢竄起，一時覺得情緒惡劣，前途悲觀，嫉妒仇視的想法也容易出現。所以唐朝的慧能在《六祖壇經》中說：

邪來煩惱至，
正來煩惱除。

他提醒我們時時保持警覺，看清這兩種力量的消長，把握自己正確的思考、行動和觀念，才不致被挫敗的大浪捲走。心理學家布蘭德（Dorothea Brande）曾說：「任何人都會在不警覺時墮落，能立志不墮的人，實在難得。」人就生活在求生存與自我毀滅兩個勢力之間，精神分析學上稱它叫生的本能和死的本能。我們只要把握光明的一面，用愛、意志和智慧的力量，就能走出陰霾，步向光明的未來。

幾年前，有一位年輕人來看我，他憂愁沮喪，痛苦非常。他說：「我的經濟情況不好，女朋友的父母親對我們的婚事不很贊成；我覺得很沒有尊嚴，所以決心離開她。」我很仔細地聽他的傾訴，確切地問他：

「你是說她父母不很贊成？或者壓根兒反對到底？」

「沒有那麼強烈，只是不很支持我們的婚姻。」

「不很支持，只是沒有肯定地表示支持，這不能解釋成他們全然反對。如果你們一定要結婚，他們還是會同意的，不是嗎？」

「老師，他們不贊同，表示他們瞧不起我，令我很沒面子，這使我覺得痛苦。現在，我正陷入結婚或分手的掙扎之中。」談到這裡，他的消極思考特質，已然暴露無遺。我知道，如果不設法改變他的錯誤思考，他有可能決定離開女朋友。問題是他深愛他的女友，這麼一來，他會被自毀性的失戀所困。另一方面他的自尊將永久受損，這會使他振作不起來。於是我問他：

「你們兩個人深深地互愛嗎？」

「是的，我愛她，她也愛我。」

「你們的戀愛和她父母親不支持的態度，是同一回事呢？還是兩回事？」

「有些關係，但應該是兩回事。」

「那麼要把兩件事分別來思考。首先，要積極鞏固你們的愛情，要有共同的目標和希望，這樣才會快樂，才有信心去面對那些許的困難。其次，她父母親不太支持，並不見得反對你們結婚，如果你們的愛情堅固，他們是可以被說服的。」我接著分析說：

「請注意，不要把美好愛情和自尊受挫混淆在一塊兒。你的痛苦和沮喪，源自於沒有把這兩件事區隔開來處理。你已經和女朋友為這檔事鬧得愁雲慘霧了嗎？」

「我正想疏遠她，但還沒有著手。」

「你若離開她，你想她會有什麼感受？你又會有什麼感受？」

「她會很痛苦，我也會。但痛苦一段時間就好了，她可以找一位他父母親看得起的人結婚。」於是我針對他的想法作了以下的引申：

「你是說，為了沒有得到她父母充分的支持，你就背棄了她？你認為愛情是可以找一位她父母親看得起的人來替代你跟她結婚？然後，你眼巴巴地看一場悲劇發生？這是你願意看到的嗎？」

「當然，我不願意，所以我才如此痛苦。」經過一段時間的反詰交談，他漸漸弄清楚自己被消極思想所困。他說：

「我想，我原先的想法是錯的。我應該把事情區分開來處理，追求比較好的結果。」

在我的實務經驗中，這種不警覺而墮入自毀前程的事例很多。他們不是心理有問題，只是一時被消極的衝動困住。這個邪魔一般的衝動，如果沒有及時處理，悲劇就會出現。我回顧多年的助人經驗，因受這種自毀衝動困住，而釀成無可彌補傷痛的人，為數不少。

每一個人都應該清楚，在自己心中有兩種勢力，一股是通往光明的愛與智慧，一股是挾持人走向毀滅的惡魔。我們的生活態度是迎接光明，而不是屈服於惡魔。

9 不被我執套牢

人因為執著於自己，往往排斥別人，對別人產生敵意，而有強烈的防衛機制。這樣就會生活在疏離和焦慮之中，當然也會衍生許多精神生活的痛苦。

一味只想到自己的人，很難與人同理，不能了解別人，他們容易落於偏狹的視野，凡事看不開，心靈上也就失去自由。至於人生終究義方面的修持，那就更難領會知悉了。

有一位離婚的先生，由於陷入極度的怨恨和痛苦，來找我晤談。言談之中，我知道他已墮入嚴重我執的陷阱。要拯救一個人從嚴重的我執中走出來，需要很長的時間，甚至要花上一年以上才會有效果。可是他受痛苦煎熬的哀痛和憤怒，卻令我心生惻隱。

我一方面聽取他的抱怨和表示了解，也機警地提醒他：受到的委屈已成過去，現在應該計畫一點新的生活，讓自己過得好些。這需要學習，需要較長時間才能領會。有一天，在談話中他又陷入對過去的憤怒，激動地說：

「我受到的委屈和虐待永遠不能忘懷。」

「我知道。不過，我們來討論一個宗教上的故事好嗎？」

這一次，我刻意把話題引到宗教的故事，要他做不同角度的思考，希望他能漸漸脫離我執的痛苦。他答應了，於是我說了一個故事：

「有一個人死了以後，來到閻王那兒接受審判。閻王從亡者的阿賴耶識（記錄一生的所藏意識）裡，找不到一點做過善事的紀錄。最後終於發現一件好事：她曾經幫助過一位乞丐一塊錢。於是閻王說，就因為妳做過這一件好事，也讓你升天。閻王把一塊錢丟到空中，這位亡者一手握住它就飛起來了，她就因為握著這一塊錢而飛往天國。這時，有一位乞丐拉住她的衣裾，跟著她往上飛，接著一群乞丐也一個接一個拉上來，很快就在空中形成一條人龍，一起升天。

「這位亡者很高興，一心一意嚮往著天國，沒注意到後頭跟來了這麼多乞丐。到了天庭門口，亡者回首一看，才發現一群乞丐，拉著自己的衣裾跟著上來。她想著，這是我的福報，又不是你們的，怎麼能跟我進天國呢？她憤怒地說：『你們給我滾！』然後伸手拍打乞丐拉著自己衣裾的手，希望甩開他們。當她鬆手拍打時，那一塊錢就掉落了，她又掉到陰曹地獄裡了。」講完這則故事，我問：

「你覺得亡者如何？」

「罪有應得。」他遲疑了一下又說：「只有那一件善事就能上天堂嗎？」

「這可是他唯一的機會。」我說。

「可是她太自私了，自私害了她。」

「自私的習氣可以在任何地方表現出來，而使自己喪失上天堂的機會。就像怨恨也會不經意中出現，那時無論你多麼善良，也完全陷入怨恨的世界，而原來的善良就失去它的影響力，使人掉落困局。」

「你是說我的怨恨？」他坐在那裡沉默一會兒說：

「怎麼樣才能破除『我恨』的執著？我實在擺脫不了自己所受的委屈？」

於是我開始以詰問法來引發他的思考。

「你是誰？」
「我是×××。」
「不是問你的名字，你是誰？」
「我是公司的會計。」
「不是問你的職業，你是誰？」
「我是受到委屈而且離婚的人。」
「不是問你的遭遇，你是誰？」
「我是……我是……我不是我的職業，不是我的遭遇……我是我自己。怎麼說呢？我說不上來了。」
「你現在可以把純潔的自己和痛苦的經驗區隔出來嗎？」
「有一點點體驗。」我鼓勵他把這種感覺說出來。
「好像，啊！我的過去遭遇就像一個變形的瓶子，我好像瓶子裡的水。就像那些水，是像水，就是水嘛！」
「現在呢？你準備怎麼辦？」

「水不是瓶子。我正想把清淨的水倒到另一個花瓶。」

我們談到這裡，他開始露出解脫痛苦的曙光。從那時起，他開始學習面對新的情境，學習心甘情願去面對自己的現實，漸漸減少自怨自艾的痛苦。

我知道越是可憐自己，就越陷入自我的執著。這時防衛性、敵意和強烈的自私心就會竄起。這對於心理健康有害，在宗教修持上亦是大的障礙。

10 擾攘中的安寧

你能在風雨中尋找安寧嗎？每個人都得遭遇許多挑戰，有很多的逆境等待超越。你情願或不情願可以另當別論，但生活就是有這麼多現實要面對，如果你不能維持安寧，失去心靈的平衡，那就會煩亂無章，弄不出理路來。

安寧是指一個人能維持平衡，他不會用怨天尤人的態度來看生活，不會用挑剔的眼光看事情，更不用批評的口吻來說別人的是非。我知道，人必須清楚的認知，了了分明於事情的真相，但心中卻安寧地想著我怎麼解決問題。心理煩亂就沒法子解決問題，理性和情性都會亂成一團，這是我們所要避免的。

安寧可以使人在紛擾中超然出來，成為一位局外人；這不但能避免自己身陷煩惱，且能發展出悠然的性情，看出忙亂中也有幾許情趣；這使人能面對困難，持續應該做的努力。創意、美感和良好的心境，都來自這種忙亂中尚能保存的一點安寧心境。

傳說中有一位高僧，他已有神通的能力。在一個夏夜裡，專注誦經，這時他注意到外頭的池塘裡，一群青蛙叫得太大聲，加上草蟲的鳴叫，吵得令人心煩。於是這位高僧徐徐站了起來，走出殿外，望著那擾攘吵雜的聲音叫了一聲，「蛙兒、蟲兒，別叫！」蛙鳴蟲叫的聲音果真停了下來。

他回去繼續誦經。不過，心裡頭卻有個揮之不去的念頭，好像有兩個人在對話一樣：

「上蒼會不喜歡蛙叫蟲鳴嗎？」

「如果上蒼不喜歡，為什麼要讓牠們夜夜大合唱呢？」

「我想是的，上蒼會喜歡才對。」

「那就讓牠們繼續歌唱吧！」

於是老和尚又站了起來，走到殿前的池塘，說了一聲：「好了，蟲蛙們，盡情鳴唱吧！」於是青蛙和草蟲又唱了起來。說也奇怪，老和尚仔細聆聽，聲音是一樣的，但卻感覺不出來吵鬧。他回去誦經時，發現除了自己的祈福聲之外，更有無量眾生的祈福聲與之相和。

這時老和尚真的進入止禪三昧，入於空寂，聽到十方菩薩共吟唱著：

所入既寂，
動靜二相，
了然不生，
忽然超越世間十方圓明。

老和尚竟然是在深夜的蛙聲和蟲聲中開悟了深層的心門，他放下紛擾，得窺眾妙之門了。

煩亂是可以被澄清的。有一次一位被煩惱套牢的人問我，怎樣才能從煩惱中解脫出來。我說：

「去承擔它，不要逃避它。」

「我每天都擔著沉甸甸的煩惱，從早到晚，甚至睡夢中也不能例外。我一直都負荷著它。」

「那很好，現在請看清楚，哪些是能解決或能做的，哪些是無可挽回的？區隔清楚，不要混淆。」

「這我辦得到，然後呢？」

「接著就是全心去做你能做的，把它當做樂事；不要去理會那些無可挽回的事，只要你不理睬，它自動會走開。」

「煩惱不自覺又來怎麼辦？」

「觀想你自己，徹頭徹尾，包括頭腦、肌肉、血液等等，都如澄淨的水，覺得光潔清涼。哪裡有病就想哪裡是光潔清涼：心煩氣躁則用以觀心，煩惱不安則用以觀頭，內臟有病則用以觀病灶，自然平息不被干擾，不被干擾則焦慮不安自然消除，病痛自然減輕，容易醫治復元。」

這位朋友照著做，並依我的建議，用透明潔淨的花瓶插了幾朵花，天天換水，每一次傾倒水時，就想著把沉痛的情緒傾倒出去，然後填上清淨的新水，笑一笑，哼一首曲子，就這樣他度過了最艱困的日子。

有一次，他問我：「這樣的觀想法叫什麼？它有什麼經典的依據？」我告訴他這就叫水觀，是出自《大佛頂首楞嚴經》。它是月光童子說圓通時說的，它的重點是：

- 觀自己身體中水性和諧，其水性清淨妙潔，通澈全身，而得自在柔和。
- 由觀水性入於清涼，入於止禪，而放下一切紛擾執著。
- 與十方界諸香水海本性相合，水性一味流通，得無生法忍，圓滿菩提。

我們的生活免不了有很多紛擾，既需要面對困難，又要修補身心的創傷和哀痛，所以焦慮紛煩，紅塵滾滾。唯有保持安寧的心，才能在煩亂波濤中保持平衡的生活和健康的身心。

參 隨緣經營家庭

【篇頭語】

人想要隨緣成長，必須先把家庭經營好。因為家庭的緣是基礎，是孕育氣勢和心情的地方。家庭的情趣好，不但對自己的生活和事業有著正向的策動作用，對於子女的心智發展、長輩的生活安養，都具決定性影響。

婚姻是一生中最重要的緣之一，要隨緣增添情趣，隨機沃壯它的根基。從信賴到尊重，從經營生活到倫常的維護，要隨時修補，就像保養一部車子一樣，不可疏忽。夫妻的愛情、親子間的孝道，仍然是現代社會追求幸福的不二法門。

家庭的人際溝通，語言和態度是它的工具，純真的愛情卻是溝通的內涵。不過，如果沒有時間相處，愛情和語言都無從表達；若無負起責任的擔當，家人又怎麼和諧互信；倘若不肯寬容，那麼溫馨就無從分享。

家居情趣是家庭生活中的調味料。它能給每一個人性情上的滋潤，引發風趣和樂觀的歡笑。此外，每一個家庭都要傳續薪火；家裡要開伙，因為飯香、家事和吃的樂趣，可以培養家人和樂的氣氛，同時也是教養子女的好素材。

隨緣經營你的家，讓它整潔明亮，綻放著安樂窩的味道。這使你能清新安寧，也能引發每一個人想回家，有溫暖和歸屬感。

家庭是每一個人蓄勁休息的地方，要經營得當，不要因不當的作息和生活觀念，破壞它的功能。家是你的緣生地，是你生活的根基，請隨緣照顧安頓，讓它成為幸福的窩。

1 珍惜親情至愛

越是我們親近的人，越容易疏忽他們的感受，也最容易在不自覺中傷害他們，帶給近親痛苦。特別是自己的父母，有些人覺得他們囉嗦，不愛和父母多聊幾句，多聽幾分鐘他們的感受；有些人甚至只顧自己的生活，完全疏忽父母需要扶養，需要他們的情愛。

我們這一代，很強調對子女的照顧和關愛，也都知道孩子缺乏愛，會產生偏差行為；但卻普遍疏忽年老父母，未能給予適當的愛、奉養和撫慰。我的觀察是：老人若得不到適當的愛，一樣會造成情緒失調，產生偏差行為。越是被疏忽的老人越憂鬱、封閉；愈得不到照顧的老人，也愈囉嗦難纏。

有一對老夫婦，他們辛苦地把七個子女養大，各個都接受良好教育，找到不錯的工作，也都成家生子，該是子孫滿堂、含飴弄孫的時候。可是歲月催人老，兩位老人行動遲緩，越來越需要賴人照顧。不巧的是，子女都在外地生活，沒有人和老人同住。這些子女都有孝心，都知道老人家需要照顧，於是開了家庭會議，共謀良策。雖然大家都為老人家好，但意見卻各不相同。最後，折衷作成結論：輪流扶養。但父母一起住，照顧起來困難，為了減輕負擔，附帶決定：讓父母親分別在兩家住。

兩位老人家在盛情難卻之下，被子女說服了。他們兩人鶼鰈情深五十餘年，竟然在子女的會商下拆伙了。他們離鄉背井，作孤獨老人；雖然有好的房子住，心裡卻是寂寞的；有人照顧起居生活，內心想著的總是老伴。他們打電話互通信息，相互安慰，彼此打氣鼓勵，心裡卻明白，他們似乎難有見面的機會。他們的相思，卻不便跟兒子說，對媳婦則更難啟齒。

有一天，兩人耐不住相思之苦，老先生在電話中說，「老伴！我們回老家去。」老伴回道，「我們一起回去。」兩老似乎回復年輕時的豪邁。不過，子女們為了他們好，多表示反對，「生病了怎麼辦？」「你們兩老回去家鄉，左鄰右舍作什麼議論！」「何況房子多日不住，維護打掃都有困難……」老人家一聽到「左鄰右舍將作何議論」時，為了子女顏面著想，兩老只得永遠沒有指望地忍受相思之苦。

朋友在閒聊中說了這則故事，在座幾個人聽了，不禁感傷起來。另一位朋友在一陣沉寂之後，打開了話題。他說，「我的雙親都住在鄉下，幾年前，我們兄弟姊妹也想把他們接來台北住。不過，他們堅持不來。他們喜歡鄉下，喜歡他們胼手胝足奮鬥過的地方。所以，我們順著他們的意思，也承擔鄰居的閒言閒語；我們為兩位老人家請了傭人，兄弟姊妹輪流回去看他們。他們健朗，笑聲不絕，尤其在孫子面前，還表現出自信的氣概。」

「我請了一位菲傭，照顧年老有病的母親。」另一位朋友說：「她一樣堅持不肯來台北同住。為了順她的意，只好三天兩天往老家跑，好在我自己做生意，時間自由。不過，看到老人家精神愉快，我也就安心。」

聽過他們的談話，大伙兒把眼光瞟向我：「鄭兄！你怎麼辦？」我說：「我比你們要幸福一點，母親就住在附近，來往方便頻繁。我們從宜蘭搬來台北近三十年，父母親都結交了自己的朋友。父親愛旅行，足跡遍布國內外，過著閒雲野鶴的生活。母親信佛，與同修來往，參加法會，偶爾到佛寺小住。父親往生之後，母親生活保持如常，全家一起學佛念佛，她自信、有安全感，精神好，耳聰目明。

「老人家是需要照顧的，特別是精神生活方面，要給她安全感，了解她，接納她。如果你能在正信的信仰上與之一起同修，她的精神生活自然綻放著高齡的朝氣。」

了解老人家，給他們機會作主，除非萬不得已，不要為老人家作強制安排。孝養父母不只是供給他們吃住，更重要的是維護精神生活的健康。強制父母怎麼生活，容易造成創傷；順著他們身心的特質來照顧扶養，反而事半功倍，也許這就叫孝順吧。孔子說：「今之孝者是謂能養，至於犬馬皆能有養，不敬，何以別乎？」

我深信為人子女者都有孝心，不過，徒有孝心是不夠的，必須有孝行才行。孝行必須充分了解父母，知道他們的心理需要，作適當的回應，才能孕育彼此間的親情，感受親情至愛的喜悅。

2 締造成長的婚姻

我常對即將結婚的年輕人說，婚姻是需要經營的。它就像一個花園，能注意培養修蒔，繁花枝葉讓人滿心歡喜；如果漠不關心，就會是一片荒蕪，甚至雜草叢生。婚姻是有生命的，灌溉耕耘，關心維護，它就會成長，就會有很強的生命力，能給人歡樂溫暖，給人豐收喜悅。兩個人既能實現共同的生活，又能保持相當的獨立性；彼此在相互支持和關心中成長，隨著年齡的增加，更多默契和創意。我稱這樣的婚姻叫成長的婚姻。

最近，有幾對年輕人要步入結婚禮堂，有要我證婚，或者邀我說幾句祝福的話，我依然先邀他們一同來家裡，安排兩個小時的交談。由秀真和我陪他們談談婚姻的經營之道；透過討論，增進他們的信心，建立彼此互動的規範。結果，一對對總是高興又好奇的來，豐收地回家，然後，充滿信心和希望去建立他們的成長家庭。

成長家庭是一個有感情、有智慧的組合，婚姻就建立在感情的基礎上，越豐富越好。不過，婚姻生活必須有智慧、能判斷、知所取捨、有個分寸，兩個人要保持良好的互動空間，生活的創意才會出現，彼此的生涯才能茁壯成長。佛教對家庭的期許是：

悲智雙運，
福慧增輝。

要有豐富的感情和互愛，要有相互了解、包容、寬恕的襟懷，當然也需要不斷學習和進修，才能發展成幸福的婚姻。

於是，我在為年輕人進行婚前晤談時，通常採取團體動力的過程，先讓彼此融洽信賴之後，再進入主題交談。最先被提出來的引子是：「你們兩個想建立一個成長的婚姻嗎？說說看，你們有什麼素材去建構這樣的好婚姻？」這對新人就會思索他們有什麼？所希望、期待的是什麼？我要設法讓新人了解，婚姻的真實面；避免有不切實際的想法，而且要看清婚姻是一項責任，一項新生活的拓展，是生命成長過程中值得歡欣的新里程。

其次，討論家庭的人際關係；彼此有什麼顧慮或困難，如何互相協助克服現階段的陌生感，與雙方家人建立信賴和友誼。他們必須認清，雙方的父母和家人，是必然要往來的，如何做好這件事，是家庭安和樂利的基礎，是新婚夫婦必須努力的要事。

其三，是婚後如何經營家庭經濟；財務管理必須有一套彼此都能接受的規範。我在婚姻諮商中發現，不少婚姻毀在家庭財務衝突。他們建立了一個不平衡的財務關係，讓弱勢的一方失去安全感，一輩子覺得委屈，甚至旁生枝節，滋生許多問題。我會請問即將結婚的人：「你們準備怎麼安排經濟規劃？」在交談中，指引他們發現財務處理上的盲點，讓他們懂得互相信賴，建立彼此都能接受的財務規範。

夫妻建立共同的財政制度，容易促進同心協力的熱情。兩人有較多認同感，商量話題多，較能培養共同願景，彼此關心的層面亦廣。若各自處理財務或分別支付扶養子女的經費，容易造成彼此間的隔閡，有時連子女之間也會不和。除非兩人確有把握，否則應盡可能不要採取這種經營方式。

養兒育女亦是即將結婚的新人應該認識的課題。這要從夫妻的身教開始，從家庭氣氛和生活做起。當然，他們必須具備親職教育的基本知識，教養不同階段的孩子，需要閱讀不同的書籍。不過，我們特別告訴他們，有關心理健康、童年生活經驗的重要性，以及心智發展的基本要件。

我們會提醒年輕人，不能只顧自己的前途，而疏忽了孩子的教養。疏忽孩子的心智成長，而專心投注於工作，孩子一旦有了不良適應或偏差行為，會為你的下半輩子帶來無盡的憂心和沉痛。孩子的學業沒念好並不要緊，只要他肯幹、負責，對自己的工作認真，就能走出光明的人生。

最後，討論如何維護親密婚姻；重點是釐清謬誤的想法和正確的觀念。它的要點是：

- **夫妻生活建立在責任感上，不是建立在完美浪漫的想法上。如果你陶醉**

於完美的浪漫愛情，就會挫折挑剔，兩人很容易產生摩擦和對婚姻的失望。

- 夫妻要有時間共處談心，但不能太黏；要留一點個別開展工作和生活的空間。
- 有誤會或賭氣，要當天化解；不能拿對方當出氣筒。
- 婚姻要互相教育才能維繫得好，要適當地說出你的心意和想法，不可以等著對方來猜測或生悶氣。
- 與異性朋友交往要保持公開，避免與異性單獨私下相處。

以上這些問題，會一一被提出來討論。我誠心告訴他們，建立互動的規範，能使夫妻感情更為親密；但是規範不能把人綁死，那就會失去創意和豐富的生活內容。

我看過許多夫妻在結婚之後，似乎對朋友的交往疏遠了；他們彼此綁得緊緊的，這會失去活力和社交，影響生涯的發展。相對的，有些人結婚之後，還是未改過去單身時的習慣，喜歡個人自由，並以此表現自己的風格，我認為這樣不容易經營出好婚姻。

與年輕人晤談的次數越多，越熱衷於把所知道的告訴他們，對他們的祝福也就更加虔誠有用。不過，最重要的課題是幫助他們建立一個成長的家庭，讓他們能主動學習，主動覺察，教他們透過愛與學習來締造幸福的婚姻。

3 愛語的力和美

人際溝通和交流，大部分靠語言來表達；人如果能相互支持就能互相攝受，從而發展友誼，建立感情，培養出互助合作和彼此尊重的美德。更重要的是良好的溝通，還可以引發知識的交流，互相啟發，成為智慧成長的動力。所以佛陀提醒我們，人際的交互攝受，修行的彼此砥礪，必須透過愛語才辦得到。

愛語不是好聽的話，不是諂媚的語言，而是讚美或讚嘆。當一個人懂得欣賞他人的優點，肯定別人的好處，就能使對方有信心和你說話，有興致跟你作由衷的交談。《無量壽經》所謂：「和言愛語。」指的就是隨著對方的根性，善言慰喻，由是而生親近，引發其興趣和信心。因此，愛語是教化所必須，是建立幸福家庭與和諧的人際關係所必要。

有一天，一個朋友告訴我說，他檢查孩子的作業，有一篇讀書報告寫的並不認真，錯別字不打緊，連文字也不工整通順，一看便知孩子在打馬虎眼。可是，教師的評語卻是：「我很欣賞你的觀點。」他很不以為然，認為像這種水準的作業，應該給孩子一些指責才對。於是打了電話給老師，要求嚴加教誨，並說出自己對評語的不同意見。結果老師對他說：

「先生！對孩子批評太多會貶損他的自信，給孩子太多指責會令其失去學習的興趣；孩子有一點好見解就應該表示欣賞。」

每一個人都需要別人的重視，特別是兒童的人格發展，如果得不到別人的欣賞、接納和支持，他的自尊就健全不起來。心理學研究指出，自尊是健康人格的資糧。人總是結合自己的優點，去拼湊成強壯的自我觀念。最近，有一位家長向我訴苦，他說：

「我的孩子考上高中，那是一所不理想的學校；我警惕他說，那所學校辦得並不理想，若不用功，前途就受到影響……。」聽了他的話，我很認真的告訴他：

「你這樣說話會打擊孩子上學的士氣；既然決定上這所學校，卻又嫌這所學校不好，怎能鼓勵孩子，讓他積極振作呢？」

夫妻之間的溝通，社交上的人際往來，都需要愛語，有愛語才能增進彼此的信心和親密感，它使人享有愛、價值感和不孤獨的自在感。因此，每一個人都要懂得欣賞和讚美別人，同時也要減少批評別人。

愛語是很美的，人受到欣賞時的喜悅，必然溢於言表；受到重視時，兩頰會泛出信心的微笑；受到稱讚時會快樂地歌詠，歡喜地起舞，它既是健康也是美麗。凡是懂得用愛語的人，家庭都幸福，子女必然健康好學，人際關係也會和諧。幸運之神總是對懂得愛語的人招呼。

我對於如何使用愛語，已有一些心得，特別是多年的諮商經驗，我得到的結論是：批評責備太多會傷和氣、會鈍銼部屬或子女的銳氣；灌迷湯式的讚美，會變成虛情假意，或失去真心和誠信，貽害也就難免。我願意提出幾點使用愛語的要領，以供參考：

- 欣賞和讚美必須真有其事，不可以濫說好話。
- 欣賞和讚美不一定針對其成果，有時成果不理想，但努力的精神更值得讚美。

- 誠懇地說出你的意見，不加批評，仍不失為愛語。
- 說的話必須真心，不能虛情假意。
- 人的表現，一定有好的一面，也有缺陷的一面，要能欣賞好的，才能指正缺點。
- 欣賞或指正缺點，要注意對事不對人。
- 要在適當時間表達你的愛語，有時適合在個別相處時說，有時適合在朋友或家人面前說。

愛語在教育子女上，具有決定性的教導功能。愛語或讚美固然能激勵孩子，但若孩子自知做得不夠好，你還是給他讚美，會被誤以為：「這樣已經夠了，既然父母都滿意，以後不必再加努力。」那麼愛語就失去價值了。

在教導上，不應得的稱讚，會使孩子失去努力的動機；習慣性的讚美使人感到厭惡。你必須真心，並讓孩子覺得真有那件事，而構成一種成就感，這才是愛語。

愛語有時不是透過語言，而是透過你的欣慰、欣賞和受感動的表情，做更直接的表示，那種無聲勝有聲的讚美，更能產生激勵或溫馨的效果。我年輕時，第一次去做買賣回家，看到母親那安慰的表情，令我得到無比的鼓勵。

請多用愛語。它很美，能給人帶來希望和努力創造的勇氣。它是一種力量，能把人際的距離拉近，成為和諧親密的關係。

4 純真踏實的愛情

幾天前，一對年輕朋友到家裡來，邀我在他們婚禮上，說幾句祝福的話。對於年輕晚輩的請求，我總是盡可能滿他們的願。不過，典禮當天我正好另有要事，不能為他們祝福。這對年輕人靈機一動，要我當時就為他們祝福。他們告訴我說，祝福是沒有時間和空間限制的，老師的祝福是我們最珍惜的。

「你們希望我怎麼祝福？」

「希望老師祝我們幸福，在人生的路上不斷學習和成長，彼此互愛。」

「我已為你們祝福好了。」

「為什麼？」

「心想事成，再加上師母和老師的見證，幸福必當實現。佛經中曾說過：『初發心菩薩功德不可思議。』兩位結為夫妻的初發心，竟是如此單純，所以幸福必當實現。越是單純的夫妻之愛越是幸福；越肯學習，懂得福慧增長的人，越容易開展美妙豐裕的人生。」

「我們跟老師和師母相識以來，總覺得你們愛情深厚，溫柔喜樂，無論在工作、生活、家庭氣氛各方面，都很愜意。你能告訴我們，這是怎麼經營出來的？」小倆口真誠的請益。

於是，我開始為他們解釋，對家庭的付出當然要盡心勤奮，有時甚至是含辛茹苦的；但在生活上要恬淡簡樸，要自然，要寬容，切忌兩個人陷入批評、防衛和敵意的陷阱。此外，家庭生活要純真才好，不要委屈人，不要壓抑或批評人，當然也要接納生活環境，隨緣歡喜的生活。

唐朝的臨濟禪師認為，生活中最高妙的事就在「人境俱不奪上」，這樣的生活態度是很愜意自在的。所以臨濟禪師對它的解釋是：

王登寶殿，
野老謳歌。

這是說保持純真無邪，生活就變得閒適，自己就當了主人，像登上王座的國王那般尊榮；自己就變得喜悅自在，像野老閒來無事，調起嗓子唱起歌來。

談到這裡，這對年輕人似乎很羨慕神往。我接著告訴他們，這樣的生活與貧富無關，與貴賤無涉，它的重點是純樸和真實，但我也相信，如果你能做到這一點，工作和事業也大抵不差。

秀真是一位講求實際的人，在聽完上述談話時說，「你們要問問老師美滿婚姻的定律是什麼？」倆個人睜著大眼，期盼我說出箇中道理。我當然不能辜負他們登門求教，就把多年來觀察所得告訴他們。

首先，要了解愛需要時間。夫妻要有時間相處，陪伴對方談話和交心，要懂得互相支持和接納，更要互相關懷和負責。愛與時間是分不開的，對於孩子更需要愛與時間，否則對其心智成長，會有不利的影響。每天，抽時間跟家人交心，是維持家人幸福的第一定則。

其次是負起責任。所謂負責就是擔當或承擔，能為對方設想，給予協助。凡事雙方有共同的信念，實際去做，就形成了合作與默契。夫妻的默契經常給彼此帶來無限的安慰和溫馨。

其三要懂得寬容。不可以得理不饒人，要避免互相攻訐，造成賭氣和對立。要注意！寬容可以化解誤會，修補錯誤和生活瑕疵。寬容是仁風義懷的素材，同時也是身心健康的護欄。

看看兩個年輕的笑顏和專注的眼神，似乎在告訴我們，「請繼續說下去吧！這就是對我們最誠摯的祝福。」這時，我們轉入交談，他們問了許多問題，我們也毫不保留地說出生活的經驗。大家談得投機又高興，不但讓他們分享我們的心得，自己也在回顧中領略到更多。

夜漸深，該是送客的時候，秀真催著他們回家，她說：「婚姻要有共同的規範來維持它的甜美；就像現在，時間到了就該回家一樣，維持生活的正常就有幸福。」我們在門口目送他們離去。他們在接受祝福之後，走起路來，顯得格外輕快喜悅。

5 營造家居清趣

家是一個很有吸引力的地方。孩子一放學就飛奔地回家，因為那兒有父母親的慈愛迎接他，有香熱的餐點在等著他。上班族也一樣，一下班就要趕著回家，因為那兒是自己的歸宿。它安全溫暖，是精神和希望寄託的地方。我知道，家是心靈生活的天地，沒有它就叫無家可歸，就失去依靠，就成為漂泊的流浪人。

家像是花圃一樣，它供應了花木的營養。磽薄的花圃，只能長出泛黃的花草，甚至孕育不出生命，那叫不毛之地。在我的觀察中，家庭就是一個人的命運，家庭多情趣，孩子自然活潑；成員都能學習新知，分享箇中的興趣和知識，個個都聰慧健康。

家是一個整體，不是孤立個人的結合；家庭成員們互動密切，交互影響。所以積極性的精神特質很容易感動家人，形成家風，造成快樂和長進的氣勢。

當然，消極性的思想、行為和情緒，也會感染家人，很容易陷入落寞和沮喪的迷霧之中。

我認為家裡必須有幾樣清趣，它能使心靈清揚活潑，使人清純振作，更重要的是它給人心理健康和幸福。我總覺得，客廳裡的氣氛，越是功利和慾望取向，氣氛就越沉悶；越富清趣，懂得生活，不吝於互相鼓舞和支持，越容易保持溫馨和奮發。

經驗告訴我，孩子的偏差行為，大抵來自家庭生活的失調。有些人在進行諮商中，肯參與互動檢討和調整，家庭生活有了生機，孩子不久就振作起色；有些人固執己見，認為問題出在孩子身上，以致未能率先學習新的生活，經營家居清趣，所以效果相當有限。

我認為經營家庭清趣，就像經營一塊富庶的大地。讓孩子得以健壯成長，活力充沛，從而發展良好的自律和興趣，開展他們自己的生涯。至於成人也是一樣，有了它才有應付挑戰、肩負責任的本錢。

以下是我對經營家居清趣的幾個建議：

- 注意吃的藝術和情趣。
- 有開懷爽朗的笑聲和清閒的談話。
- 培養家人的雅興。
- 經營共同的活動和聚會。
- 多欣賞家人的優點。

家居生活的第一要務是吃的興致。有興致下廚，讓孩子欣賞吃的滋味，能帶來許多樂趣。家人在品嚐的歡笑和交談之中，分享了食物的色香味，從而打開互動的話題；吃得開心，笑得也開心。一道辣得發火的美食，也能成為家人歡度晚餐的好因緣；一盤難得的野菜，更是大家交談的好話題。我們家是少吃多滋味，但秀真總是推陳布新，讓大家吃得津津有味。

餵飽肚子，心情當然好起來，圍著餐桌，就可以擺龍門陣，對自己一天的生活，乃至所見所學，所思所聞，都是聊天的素材。別忘了！要開心的談和笑；用餐之後的笑點，比甜點更有益於身心健康。家，若不在用餐之後，能聽到笑聲，就得不到真正的溫飽。

家人閒談社會百態是雅興，聽一曲音樂，吟著和著一起來，亦是雅趣。雅興出於自然，不是源於強制，否則就索然無味了。雅興就是雅興，它隨手可得，買回來的水果，可以化作家庭藝術，擺在桌子上，食用欣賞皆宜。有雅興的人，總是提醒家人，它妙在哪裡，味道好在哪裡。

雅興給人充實、喜悅和無窮的寧謐。每天晚上工作一段時間，約十點半鐘，秀真和我總會在書房裡，悠閒地沏一壺老人茶，啜飲品茗。這時候孩子們總會聞香而至，和我們聊起來。這種情趣增添許多生活的充實感。

家既需包容每一個獨立的個人，尊重彼此的個性，欣賞每一個人的能力和特質，但偶爾也要經營家庭的活動。特別是家族聚會，一同出遊，一起出去打牙祭等等，對於家庭的生活情趣，自然增色不少。舉行家庭活動，最忌批評抱怨，當面指責，尤其忌諱的是一路訓誡，把原本興致勃勃的活動，變成賭氣而歸。如果是這樣，不辦也罷。

家居清趣，不是建立在功利和急切的指正上，而是建立在閒情、恬淡和生活創意上。教育子女，要求學習上進，當然是必要的，但如果缺乏清趣，就好像沒有開闊的空間可以揮灑，缺乏清淨的空氣可以呼吸，那會是一種僵化沒有生機的生活。因此，我鼓勵大家創造一點家居的清趣，提高生活的品質。

6 飯香中的情趣

家裡煮飯作菜的飯香，總是牢記在每一個人的心底。母親作菜時飄溢出來的香味，令你嘴饞，胃口大開；一陣陣打鍋子裡冒出來熟透的香氣，令你覺得溫馨，而期待著飽餐的滿足和歡喜。

這樣的情境令人覺得幸福和安全，更是孩子們成長茁壯的天地。家裡的飯香，餐桌上歡喜的氣氛，快意的飲食，偶爾大快朵頤地吃個過癮，給每個人留下安全、溫飽、幸福和滿足的感覺。依我的觀察，這方面得到滿足的人，安全感較高，情緒生活愉快。

我能了解祖先們留傳下來的規矩：吃飯皇帝大。吃飯這件事受到絕對的尊重，要心情愉快的吃，不受干擾和責備。在我的記憶中，祖父每餐吃飯時，總是笑著跟我們談話；什麼是非曲直都得擺一邊，只聽到他讚美飯是香的，蔬菜是青脆可口的；偶爾有魚肉，更要大家吃得眉開眼笑才罷休。

飯菜好壞且不論，只要它下鍋就有香氣；只要你以好心情、好氣氛去享用，就會有好胃口，有滿足的幸福。媽媽猛然把菜下鍋，強烈的熱氣淬然發出清脆的爆聲，能引發家人的食慾；菜起鍋的刮擦聲，更催人垂涎。吆喝一聲「開飯囉！」然後，談笑用餐，妙趣無比，這是孩子們成長的天堂。他們的性情、活力和樂觀的態度都在這飯香中孕育出來。

在《維摩詰所說經》中記載，維摩詰到香積如來處，請來香積飯讓佛弟子們享用。大家聞到飯香，身意快然；因為那是甘露味飯，大悲大慈所薰，飯香無盡，量亦無盡。吃香積如來的飯，要以開闊無限意的心享用，所有吃飯的人都身心快樂，毛孔皆綻放出妙香。當時，維摩詰問香積佛國的菩薩說：

「香積如來，以何說法？」答曰：

「香積如來不用語言文字說法，而以眾香令諸天人，從而自發為高貴的品行。菩薩大眾，聞斯妙香，所有功德，悉皆具足。」

每個家庭都需要從香積如來那兒請來香飯，家庭才會幸福，智慧德行才會增長，發展出健全的人格。這香積飯就是家裡的飯香，它包涵著父母的慈悲、手藝和用餐的心境與喜悅。它使家庭成員個個身有妙香，個個成就健康人生。

家的薪火是不能斷的，傳統民俗告訴我們：新居落成必須從舊家帶薪火入新宅，無非是炊事薪傳不可斷絕。中國人講「民以食為天」，佛經中亦傳述香積飯香。每一個家庭都要在炊事中演繹出幸福、健康和心靈生活的喜樂。

我的家每天都有香積如來的香飯，秀真下班回來即刻下廚，她動作快，半個小時幾道菜就上桌了。孩子小的時候，一聽到媽媽作菜聲，就會去廚房打雜，跟媽媽有說有笑；有時也會手癢動起鏟子，分享作菜的樂趣。我呢，雖然插不上手，但也會跟著湊熱鬧，在廚房進出，打著試吃之名，先嚐嚐菜香菜味。

我讚嘆菜裡乾坤，變化之妙；你未必擅長什麼名菜或有不凡的手藝，只要留心、有點變化，一家人的情趣口福就大了。秀真常常預告，過幾天要做一道新菜，光是等的滋味就夠你瞧；她要說明材料、怎麼做、火候如何、香味又如何，等到我們吃到她的新作時，它已經被我們美化成從香積如來那兒請來的美食了。

食物不需山珍海味，有興致有手藝，就會有好口福。有一天，她端出一盤炒皮蛋，大家瞪大眼睛，抱著懷疑下箸，結果全家讚不絕口，一掃而空。這是秀真最樂的時候，她還會開心地再作廣告，下一次還有妙香上桌，請大家耐心等候。這時餐桌上的氣氛，已然十足矣！

我看著孩子長大，從幫忙洗碗、炒花生，漸漸學會調味到偶爾下廚作一兩道菜。我知道他們未必有媽媽的手藝，但卻有開朗的心情和居家的情趣。我希望這種情趣和溫飽之感，能成為他們成家立業後，繼續傳承下去的妙事。

我常聽說有些人家裡不開伙，帶著孩子在館子、麵攤打游擊，一來省事，二來省時。我覺得這樣的觀念和作法是有待商榷的，因為這會使家庭的樂趣減少，親子互動的經驗匱乏。真正的喜樂和生活情趣，不是用故事和電視劇培養得來的，而是要在生活之中直接體驗，而炊事是最重要的一環。

速食和便當一旦進入家庭，吃的東西一切現成，快速把肚子填飽。結果，共同創作生活經驗、體認家庭生活情趣等有益身心的活動，會漸漸流失。那種能「箸乎心，布乎四體，形乎動靜」的經驗學習，將越來越少。心靈的空虛和生活的疏離就可能會出現，它對於子女的情緒生活和多元智慧的發展，將會是一種不利因素。

家裡的飯香，能給每一個人留下永遠的溫飽、喜樂和幸福感。它是孩子人格成長和良好情緒的資糧，同時也是孩子多才多藝的濫觴。在工作經驗中，我發現享受飯香情趣越豐富的孩子，人格發展越健康。越是缺乏家庭生活體驗和樂趣的孩子，心理上越可能出現困擾。因此，我呼籲大家重視家庭的飯香情趣，好好締造自己家中的香積國。

7 把家打理好

對於一般人而言，每天總有相當長的時間待在家裡；家庭主婦會花大部分時間待在家裡，學生放學就回家，上班族下班也是回家，自由業的人更可能把家當辦公室。家是人類很重要的活動空間，它的布置陳列、光線和空間，對於一個人的生活影響殊大。

你有可能請兩天假，想把一篇報告趕出來。結果，兩天下來，在家裡東摸西摸，一事無成，把時間花在整理瑣碎的家務上，而沒有把心專注下來工作，因為你覺得家裡雜亂而心煩氣躁。此外，當你在家時，很容易墜入紛煩的情緒，因為你會被電話打斷工作或思緒，被鄰居的音響或電視機干擾。總之，想像中家裡是安寧的，但事實未必如此。

卸下公職之後有較多時間待在家裡，我以為家裡是一個安樂窩，能靜下來一展寫作的弘願。結果兩個星期下來，除了上課和演講之外，大部分時間都在家裡接電話，整理雜物，或者東碰碰西挪挪，好像忙個沒停，但一事無成。我注意到讓我分心的事，正是周遭的瑣碎事物。於是，我一口氣把雜物狠狠清理一次，該丟的丟，該送資源回收的一點也不留情。霎時，雜物不見了，家裡保持著寬敞明亮；然後把電話交給秘書處理，我得到安寧和自由思考的空間。

在我的諮商經驗中，發現不少父母因為孩子不能專心讀書而苦惱。他們發現孩子在書房裡東摸西摸，一會兒出來開冰箱，一會兒整理書包。他們問我，為什麼孩子不能安靜下來呢？我告訴他們，環境會影響一個人的心情，書房雜亂，孩子的心就靜不下來，放眼所及都是玩具、模型、書刊、電玩，而且處處零亂，內心也就跟著煩亂起來。我曾做過家庭訪問，許多不能專心讀書的孩子，家裡的客廳正如孩子的心情一樣，顯得雜亂無章。

對於這些人，我總是警告說：「如果你不肯割捨雜亂，你就得不到清幽和專注。」你的心情與環境有關，當然它包括物質的和人際的環境兩方面。你未必要有好廳堂和好書房，但一定要安排得清爽亮麗；你未必有十全十美的愛，但在生活之中彼此尊重、關懷和支持卻是人際環境所必須的。

把家打理好，能幫助你培養好情緒、好精神，更能提高生活與工作效率。特別是孩子的教育，只要把家安頓好，孩子會像春天的花草，快速的茁壯。因此，你要注意以下幾件事情：

- 家居生活的空間，安排得有條理，能涵養良好的情緒，降低心理壓力，它有益於家庭人際溝通，更有益於專注和清醒思考。
- 家的空間有限，避免買太多東西回家，否則會堆積如山，造成心情煩亂。請記住！有用才買，買了就要用，要用就要放在使用的位置上。
- 狠心處理雜物，該丟就丟，該送就送，捨不得的結果，造成家裡大擁塞，令你分心，妨礙起居作息。
- 家人要合作做家事，這才能培養大家遵守秩序的責任感；並養成家人按時打理自己房間的習慣。
- 避免讓家庭電話變得車水馬龍一般的熱鬧；連吃飯和休息都得不到安寧，就會妨礙家人的生活。

●記得保持和諧的家庭生活氣氛，不要把辦公室或工作上的衝突和煩惱帶回家裡，投射到家人的生活上。

你能把家裡打理好，就叫做安內；能安內就能使身心協調健康，家庭成員的士氣就能提振起來。這時，無論在工作、學習、待人和自身的修養上，都會有較好的表現。

8 濯除心中的屈氣

人若長期沒有受到肯定，又發展不出什麼興致，就會產生屈氣。它的特質是失去朝氣，抬不起頭來，幾分落寞，幾分惆悵；覺得鬱卒，缺乏生機，長期下來會出現一些心理症狀。若不能及時改善，慢慢會變得沮喪，逃避人群，心境就更壞而陷入憂鬱。

屈氣是很難忍受的，有些人為了逃避這種壞心情，要依賴打牌、打麻將、酗酒或吸毒來排遣。有些人則採取喋喋不休地指責家人；特別是年紀越大，越難侍候。屈氣為兒童青少年帶來無心向學、中輟、犯罪；給成人造成自廢武功，活得暮氣沉沉或過著逃避現實的生活。

我小時候住在鄉下，祖母養了一群火雞。有些長得快，有些長得慢，那些身體瘦小的火雞總是跟在後頭，不敢揚起羽毛，張屏展翅。尤其是長得最小的那隻，羽毛不豐，又有些禿頭，一副寒酸退卻模樣，其他的火雞都會啄牠。更糟的是連蚊子都要欺侮牠，把頭冠叮得紅腫長瘡，而其他火雞總是啄牠的癩痢頭，令牠尖叫逃避。

那隻可憐的火雞表現出寒酸、退卻的屈氣。牠跟在群雞後頭，背是駝的，翅是垂落的；雞群咯咯叫時，牠沒有聲音。祖母說，這隻雞很屈氣，是一隻臭頭雞仔，如果不特別照顧，會一直受到欺侮。於是每天特別為牠餵食，晚上給罩上蚊帳，還為牠的癩痢頭敷上藥。只花一個多月時間，牠便長大了，羽毛也亮了，牠跟雞群們一起開屏展翅，咯咯叫起來，頗有意氣風發的表現。

家父是一位急性子的人，他吩咐的家事，如果沒有做好，就會挨他訓斥。有一次，我端了一臉盆的水，不小心滑倒，不但全身濕透，連地板都打濕了。過去農村的地板都是土輾成的，一臉盆的水打在客廳，家人一走動，很快就成為既滑又髒的爛泥漿。父親看得光火，把我罵了一頓。

到了夜晚，祖母大概以為我睡著了，就把父親叫到跟前，她溫和地說：

「孩子還小，力氣不足，端一臉盆的水很容易濺出來，或者跌倒把地板弄溼。你應該能了解孩子小，容易出岔錯，何況又不是故意的，怎麼好那麼嚴厲責罵孩子。

「教孩子要有耐性，要顧及孩子的自尊；你把孩子罵成垂頭喪氣的樣子，我很心疼。當時，孩子的表情沮喪得像那隻臭頭雞。火雞失去尊嚴，牠的同伴都會欺負牠，瞧不起牠；孩子受到過頭的責罵，就會造成屈氣。人一旦屈氣，就失去那分活潑和光彩。你以後不能再這樣盛怒罵孩子。」

小時候，媽媽的床容不下我們幾個孩子，我總是跟祖母一起睡。當晚，我依偎在她的身邊，覺得很安全、很溫暖，現在想起來還覺得溫馨。當晚，父親沒說一句話，大概是恭敬受教吧！從那天起，父親很少對我大吼大叫。我知道要改掉脾氣很難，但他總是有了一定的分寸和自制。

後來輪到自己做父親，我很疼愛孩子，對於他們的生活規矩當然有一定程度的要求。有一次，我生氣地責罵孩子沒有把玩具收拾好，語氣過重了。當晚，母親一樣把我叫到跟前，婉轉地告訴我做父親之道，她說：

「孩子當然要管教，但不能太強烈、太權威，否則孩子會變得屈氣。孩子一旦屈氣了，他就沒有信心走出去，不能勇敢地嘗試開展自己的生活。」

然後，她重複講了這段故事，是從祖母那兒口述來的。這則故事就是我童年時，在祖母房間偷聽到的，我津津有味地聽著，並不以我學教育懂得這些而打斷她的心傳口述，因為我擁有過這段溫馨的回憶。

為人父母師長，必須為孩子留一些尊嚴和豪氣。要多欣賞孩子的優點，培養他的信心和自尊；然後，才有空間來糾正錯誤，矯正缺點。倘若只是一味指正缺點，從不欣賞孩子的優點，日子久了，孩子就會產生屈氣。

我相信大人也一樣，如果你專看自己的缺點，而不欣賞自己的成就和優點，就會變得屈氣。這項道理，可以引用在夫婦之道上，也可以擴大用到領導和管理層面，只要把士氣帶起來，無論是個人、家庭或團體，成員都會振作敬業。只要屈氣漸漸露出來，誰都難逃落寞沮喪的劫數。

9 不被娛樂綁架

人最需要保持主動性，它使你覺得充實，不再寂寞無聊。精神生活的主動性，可以發展成獨立思考、自我肯定和興趣的豐足感；生活中的喜樂和情趣，是人的主動性創造來的。人一旦失去這種精神力，就需要依賴麻醉，尋求狂歡或各種刺激。依我的觀察，生活的潰敗，主要來自主動性的衰竭。

在禪的傳承中，主動性是精神生活修持的重要課題。主動性好的人就作得了主，他能獨立思考，在生活上較能體驗其情趣。他是能思考、能工作，而且是風趣的，所以在情緒上能保持喜樂。這樣的人不但心靈自由，而且也是一個懂得生活，有情趣的人。由於心靈上的專注和開朗，在沒有障礙下，他們確能體驗所謂「耳聞之而成聲，目遇之而成色」的喜樂。所以從初禪到三禪都有喜樂，都令禪者覺得豐足。

反之，失去主動性的人感受不到喜樂，他們要靠著娛樂或尋找刺激，才能打發無奈、空虛和乏味。於是吸毒、酗酒、性的狂歡、沉緬於賭博和逸樂，就成為這些悲愴靈魂的習慣性行為；他們明知道那是墮落，但仍然不能自拔。

禪修的關鍵就是學作主人，古人把這事稱為作家。因為作得了主的人，他就能成為主導生活的人，過得豐足自在。唐朝的黃檗和臨濟，兩人在出坡工作時，有一段精采的對話可以說明主動性是什麼。黃檗說：

「你請過來，我有事跟你商量。」黃檗對學生臨濟說罷，就拿起身邊的鋤頭，深深地鋤地一下，然後說：

「就是這個，天下人捉掇不動。」

黃檗才說完話，臨濟便走了過去，把鋤頭從地上提了起來，並對黃檗說：

「鋤頭不就在我的手中了嗎？」

黃檗就在這次考驗中，知道臨濟是一位積極主動者，是一位能創造、給生活帶來自在和喜樂的主人。當然，他很高興有了傳人，於是黃檗對大家說：

「各位！今天已經有人可以帶領大家生活和工作了。」

鋤頭就掌握在每一個人的手中，這象徵著每一個人都能當一位主動的生活者。讓自己過得喜樂、有創意；既能造福，又能發慧。主動性使一個人積極振作，遇到困難或挫折不會因之頹喪。

我知道許多人的心靈生活建立在依賴上，而不是靠著自己的主動性去成長、去實現。被動、消極和退卻是失去主動性的現象；不斷尋求聲色之娛，貪戀物質的享受，也是失去主動性的表現。因為他們失去快樂，才去追求聲色物質之娛。

放縱於聲色之娛，會使精神更頹廢，「玩物喪志」古有明訓。我知道許多家庭天天打麻將，孩子在一旁哭鬧；有些家庭沉緬於電視劇或上網，家人沒有時間會心交談。久之，這樣的家庭就會出現難題，家庭的成員漸漸失去創造生活的能力，他們會越來越依賴娛樂，甚至依賴麻醉式的遊戲，如酗酒、狂歡、沉迷於電玩等等來逃避現實。

人若不太依賴電視或線上遊戲，就會主動找書看，跟家人聊天，或者做點很久沒有做的手藝，漸漸就會發現，家人有更多時間相互支持和了解，有閒情悠然坐在客廳一起欣賞風聲雨聲，有興致一起唱一首歌。減少看電視或打電玩，就有較多時間為自己創造幸福，這種幸福是主動性的表現。

其次，我要建議，千萬不要找朋友到家裡玩牌打麻將。玩牌打麻將不是一兩個小時可以結束的，這種遊戲有輸有贏，它會讓你難以自拔；贏了不好意思叫停，輸了又想扳回一城，總是到天亮才不得不罷手。請問你還有精神去生活得快樂嗎？有力氣工作嗎？

玩牌打麻將還有一個大麻煩，那就是抽菸不停。家裡大大小小通通泡在菸毒之中，大人自作自受也就罷了，小孩子也被你強迫吸二手菸，通宵達旦，情何以堪？假如大人為了玩牌打麻將，把孩子早早哄睡，或者要他們去看電視劇、打電玩，這對孩子主動性的戕害就更大了。

我看到經常玩牌打麻將的家庭，兒童較多依賴和怪癖，容易出現無理取鬧的行為。長期生活在這樣家庭的孩子，其情緒和情感的發展，有較多困難。當然，這些人際支持不足、文化刺激不夠的受害者，他們的智能也會受到負面的影響。

另外，值得關心的是，這些麻將桌上的大人，工作表現也有問題，經常換

10 別被錢愚弄了

生活在現代社會，每天都得用錢；沒錢會引起情緒不安，會壓抑信心和安全感。錢當然重要，不過如果把錢看得比生活重要，錢變成目的，生活反而成為手段，那麼生活就有被踐踏的危險。

其實，錢是經濟生活的媒介，它本身不具價值，真正的價值在於用錢和賺錢的過程。因此，用錢和賺錢的態度，是影響生活和工作品質的因素。

路易士・亞伯朗斯基（Lewis Yablonsky）曾把用錢和賺錢的風格，分成五種型態，加以調查。他的結果是：知足常樂型的人佔百分之二十五；量力而為型的人佔百分之二十四；冷靜打拚型的人佔百分之二十；激進爭鬥型的人佔百分之十四；永不滿足型的人佔百分之十六。他認為每一個人的心中，都有一位錢老爺在對自己說話，影響用錢和行事風格，甚至干擾情緒反應，支配人生態度。錢對於現代人的生活影響殊大，父母對錢的態度甚至影響孩子人格的健全發展。

知足常樂的人對於現在所擁有的財富、地位、情境能感到滿意；量力而為的人是為自己訂個合理的目標，自信能實現；冷靜打拚的人是盡一切努力去獲得財富；可是激進爭鬥的人就不一樣了，他們急著要出人頭地，得到財富和地位，如果未能獲得滿足就心急痛苦，精神上受到折磨。至於永不滿足型的人，他們的野心和權力慾太大，永遠得不到滿足，再多的金錢給他，還是不會快樂，所以他們的精神生活是痛苦的。

根據研究發現，把收入多寡分成幾個等級，每一個等級約有百分之七十的人表示滿意，有百分之三十的人覺得不滿意。如果我們回頭來看前面的調查，激進爭鬥型和永不滿足型的人，加起來正好是百分之三十。可知，這兩個類型的生活態度，是導致痛苦和生活品質低落的原因。

依我的觀察，把錢看得太重，是夫妻失和的重要原因。為了賺錢不擇手段，不但會失去健康，也往往造成事業發展上的障礙。看來，激進爭鬥和永不滿足的態度，是不足取的。因為這會把金錢的目的看得太高，以致犧牲生活，造成精神生活的困境。

想錢想得過火，不但會失去理智，還可能幹出傷天害理的勾當。搶劫、詐騙、暴力、貪贓枉法，都是想錢想瘋了的結果。你在報紙上可以看到錢瘋子，昧著良心殺害親人詐領保險費；至於為了金錢，終日泡在賭場，典當借錢，舉債下賭者更比比皆是。為錢而失去理智的人殊多，這些人總是墜入法網，身陷囹圄。

把錢看得太重，就會失去人情味。一對夫妻結婚二十幾年，一直無法建立互信，他們只能以分擔的方式來支付每個月的開銷，彼此互相計較。大兒子的學費是爸爸付的，二兒子的生活所需是媽媽負擔的；房屋貸款各付一半，可是兩個人月入不同，彼此計較爭吵又不可免。這個家，由金錢的計較衍生成冷漠的氣氛；由經費負擔的分配，造成一家有兩個小團體。孩子在敵意和衝突之中長大，在金錢計較和吝嗇之中生活，他們的人格都受到扭曲。

有些人教育子女，總是以賺錢、高薪和有利的發展來指引孩子的生涯，甚至強迫他們選擇熱門科系，而不顧及孩子真正的興趣，這是很大的錯誤。孩子的前途要依其興趣、能力和環境，隨緣去努力、去成長，並非強制他作「有錢途」的選擇，就能發展出亮麗的未來。依我的觀察，這些被父母親的「錢手」握得緊緊的人，往往也是受挫很深、不能開展潛能的人。

我不是假道學，在眾人面前說錢不好；我要提醒的是人人須得對錢有正確看法，切忌被它愚弄了。換句話說，要善於使用它，讓賺錢和用錢的事，能真正服務你的人生。禪家的說法是，不要因為金錢打亂生活的常道。套用法眼禪師的說法是：「要在萬象中顯露自在的生活，不是為了追求而撥亂了萬象。」

被錢迷惑的人，很難維持原先的崇高理想和抱負。有一位傳道者，穿著破爛的衣裳，來到城市裡的公園，坐在那裡冥思。由於他確實修得一副莊嚴的法相，城市的居民看到了便心生恭敬，於是供養了許多金錢和財物。他就在很短的期間內變成眾所景仰的傳道者。他望著那豐富的收入，心想著：「啊，靠民眾的信仰吃飯，要比我在深山修行好過多了。」這位傳道士即刻失去了他原來努力的方向。

錢就像水，它能載舟也能覆舟，別忘了你是舟上的主人，一定要深諳水性，不被它愚弄了才行。我對於金錢，有以下幾點建議：

- 金錢是拿來生活用的；如果生活變成錢的奴隸，那就叫倒錯。這是痛苦的來源。
- 切忌用情緒發洩或心理補償的方式用錢，那會使你變窮。
- 貪得無饜是一種病，它的背後是匱乏感。
- 錢的最大功能是再創造，在這個前提下產生服務和幸福。
- 學會用錢的順序及賺錢的正當過程，是維護精神健全發展的重要課題。

我發現錢不能解決生活的全部問題，有更多精神生活，不需要錢就能實現，例如生活的情緒、家庭倫常之樂、友誼和人際的溫馨等等。有許多人，他們並不富有，甚至可以說是窮，但他們快樂。有些人，他們坐擁萬金，但愁眉苦臉，因為他們被錢事壓得透不過氣來。

肆

隨機安住心靈

【篇頭語】

由於生命是有限的，所以我們對那永恆的無限抱著希望，它就是信仰。由於有形的世界是無常的，所以我們在本體的精神世界找到恆常，它就是宗教。

人類的精神生活，終究要歸於宗教。它給人希望，給人安定和祥和之感。最重要的是，宗教給我們生命的意義和永續存在的光明。所以基督說「信的人得永生」；佛陀說「信為道元功德母」。

宗教是啟發一個人看出生命的希望，開啟心靈生活的光明，而與那本體世界相應感的至道。它不能與世俗的貪婪相混淆，同時要與怪力亂神撇清，更不能成為有心者惡意利用的工具。高級的宗教建立在純真的信仰上。

高級的宗教，在引發一個人實踐愛和智慧，在隨緣之中不斷省覺，並領悟本體世界的偉大。在宗教信仰中，人的心靈越純真，慈悲與愛越容易開展，智慧就像流泉一般，涓涓灌注在生活之中，得到無盡的喜悅。

宗教的情操，給人帶來簡樸和知足；使人知道感恩，知道謙卑，知道透過隨緣修持，讓自己更有心智力量去面對苦難的人生。

宗教的情操是在日常生活中培養出來的，它有光明、有喜悅、有覺照、有不可思議的領會。宗教要做的事是拯救性靈。因此，務必要與迷信、詐財、騙色等邪事劃清界線，那才能隨緣成長，悲智雙運，過喜悅的生活。

最後我要說，虔誠的宗教信仰，在精神生活中，有如親見爺娘似的歡喜。這是宗教實踐者的共同體驗。它使人領受到來自本體世界的恩典。

1 午後風雨的省發

一個春假的午後，天氣晴朗，陽光灑遍對面的青翠山坡。從書房往外看，新綠配上婀娜的山腰；安靜中傾聽，鳥兒正婉轉地詠唱，令人不覺陶醉其中。噢！說是陶醉不免辭不達意，應該說當下我們品嘗到不可思議的三昧。

秀真和我各搬了一張椅子到窗邊，沏上一壺茶；茶香、陽光和窗外的景緻，讓我們在啜飲品茗中，更覺恬適暢懷。剎時我們似乎同時接觸到永恆的意義。我說：

「我相信永生，它就在無常變化的背後；佛教徒把它叫如來。」秀真望著青山，悠閒神馳地說：

「人只有經過辛勤的工作，才能體會悠閒的自在，在經過生活的艱辛淬礪之後，才會看清真正的喜樂。也只有好好去生活和實現生命時，才會頓悟永生是什麼。」

她的話引發了我最近的一點想法：我們的教育，出現了一個盲點，大家對於生命的意義似乎很少重視，或者有老師對學生談起生死大事，就會被批評為違反人文的思想，甚至被嘲笑，被學生家長指責。於是大家對於生命的終究價值和責任，變得漠不關心。這使人汲汲於追逐功利，迷失於聲色貪婪。放縱的生活，狂妄的行徑，都是從這個教育上的缺口滋生出來的。於是我說：

「相信如來或永生的存在，才能真正明白宇宙的真諦；生命才置根於它的大地，從而成長茁壯，活潑地開花，喜樂的結果。因為他已從無常中發現永恆的真理之門。」

我們不時遠眺，難得享受春天午後的安詳，而忘懷平時工作的辛勞。彼此分享著這一片喜樂，卻也發現苦樂之中的生命價值。我們捨不得去午睡，只是為了及時把握它的甜美愜意。兩個多小時一溜煙過去，眼看著春和景明的風光，忽而變成烏雲密布；風颸起來了，雨驟然傾盆而下。那等得及「明日落花應滿地」的詩句，公園裡當下已是落英繽紛，落寞景象。我們又沏了一壺新茶，為秀真斟了一小杯，我說：

「前後只有兩個多小時光景，我們看到從光明到昏暗，從鳥語花香到落花滿徑。生命就在這花開花落之中，承受著許多苦和責任，卻綻放著它的芳香。無須感傷花開花落，無須執著於明暗更替，因為它就是永恆，不是嗎？」

「你剛剛所說，及時把握的生命意義是指什麼？」秀真望著戶外的斜風和陣雨，意有所指地問。我說：「愛護生命，愛惜生活，愛正當的工作。這是博愛，不是私愛或執愛，是智慧與熱情的實現，而非情慾的執著。」

人如何掌握生命的意義，我的看法是：

- 要樂觀，不要憂鬱。無論你的遭遇是順是逆，是成是敗，要以歡喜心去面對。抱怨和憂愁是對生命的褻瀆，滿腹牢騷是對生命的嚴重背叛。
- 要負起責任，同時要不斷學習。這是生命的本質，是茁壯和成長的動力；因為有這動力，我們才能活得有信心、有活力。
- 懂得恬淡無私。貪婪使生命的無限外延價值遭到破壞，而替之以狹隘的防衛心態。前者是天堂之門，後者是地獄之路。

●學習愛人。愛人使自己寬大自在，愛護生命讓我們接觸到永生的真理，它就是走向如來之路。

從午後春光明媚，到驟然的風起雲湧，我們坐在書房裡述說著無常，卻一動也沒動地談笑自若——生命的價值和智慧，不正是這一幕中流露出來的嗎？

「地老天荒時怎麼辦？」古時有一位禪僧問他的老師。

「欣賞著地老天荒。」老師回答。

這是什麼意思呢？因為我們已踏上永生的如來。

2 進退皆宜的智慧

我總覺得生命的道理是進退之間的事，俗語所謂「應對進退」指的就是生活之道。人總是懂得收斂，斯能培養才氣；知道蓄勁，而後能一展鴻圖；能夠休養生息，才能強健持久。所以佛門以冥思啟發智慧，以結夏安居得清淨開悟，以封山來策勵僧俗大眾進德修業，精進行持。

有呼有吸是生命的現象，有攻有守是成功的路徑，有退有進是行事的方要。過去，龍虎寺禪院的禪僧，擬在寺前的牆上繪一幅龍爭虎鬥圖；他們的構想是龍從雲端盤旋而下，虎踞山頭前撲。他們畫了又畫，總是不能傳神有力，就請教住持無德禪師。他看了看說：

「你要明白龍在攻擊前，頭必須向後縮；虎往上撲時，頭要向下壓低。龍頸向後屈度越大，虎頭貼近地面越低，就能表現出衝得快、跳得高。」禪師又告訴弟子們說：

「為人處事，參禪修道的道理也一樣，退一步的準備，才能衝得更遠；謙卑的反省，才能爬得越高。」

無德示了一首禪詩：

手把青秧插滿田，
低頭便見水中天；
身心清淨方為道，
退步原來是向前。

無德禪師的示教，令弟子們個個有所省發。這則公案我聽星雲大師說過好幾次，當然我也能了解，佛光山所以定期要封山的道理，就在這則公案之中。封山時山是清淨寧謐的，只有輕輕的鐘磬之音；水是清澈柔美的，更能看到明映其中的自己。我看到一期期打禪七的佛子，所感受的是用功修行的氣氛。我是來為大專佛學營上課的，就在轉往東禪樓之前，看到星雲法師和幾位僧家頂著大太陽一起察看新建大樓工程。我上前禮拜大師，問候請安之後，大師指引我參觀即將完工的雲居樓。他說：

「這棟樓是國際最大的禮堂，能同時坐上三千多人，可以舉辦更大的弘法布教。」

我進去一看，法堂寬大有如進了無邊法界，大師一一解釋它的功能和用途，我陶醉在他的法音之中。走出大樓來到進門處，他停下來說：

「大家正在為這進門取個名字，有說如來門，有說無相門……」大師一口氣念了好多個名字。他轉過來問我，你準備給他取個什麼名字？我說：「師父！這我不懂，我只知道一個門，叫無門。」搏得老人家笑得開心。這個門後來取什麼名字我不清楚，我知道的是封山之後的山上，是寧靜的，是師徒亦步亦趨的，是悲智法輪常轉的。

我趕著去東禪樓上課，拜別了大師，他還送我到門口。「封山以後弟子們回山精進用功者多，」他指著麻竹園那邊說：「來參加者莫不專注努力。」看著滿堂僧俗大眾在那兒努力，我不禁念出唐朝龐蘊居士的詩：

十方同聚會，
個個學無為；
此是選佛場，
心空及第歸。

封山時的佛光山，不再有遊客的喧囂，卻有佛音流轉的安靜。踏在「不二門」的石級上，真能感受到：「且拾級直參佛門，乍回頭已隔紅塵。」

開合進退是生活的常理，佛光山的封山是在內修，是在孕育更大的生命力，是在培養智慧和悲願，是準備走更遠的路，開更大弘揚正法的格局。

3 從懷疑到肯定

我覺得人若想在悟性上有所進步，必須對疑情有所認識。疑情能帶來開悟，引發喜樂和覺照，它不但能把事理看得真實，更能孕育清醒的回應。疑情如果沒有引起智慧與覺照，必然會是一層障礙，一團大煩惱。如果你能認清它，就能克服解決；即使不能解決，也必能容忍或包容，而化除心中的憤怒或不平。

過去白聖長老講參禪心要，特別指出從疑情入門的方法，透過生命終究的疑情，能導引你對人生的開悟，透過對人情事物的疑，學會了認清真理的眼光。唐朝的白居易有了疑情，便去問鳥窠禪師，他以詩問曰：

特入空門問苦空，
敢將禪事問禪翁；

為當夢是浮生事，
為復浮生是夢中。

鳥窠禪師給他的指引也是一首詩：

來時無跡去無蹤，
去與來時事一同；
何須更問浮生事，
只此浮生是夢中。

鳥窠禪師給白居易解了疑情，告訴他人生如夢，必須體會到「生死事大，無常迅速」；要能領會慧能大師所謂「體取無生」，體認到永恆的精神世界或本體世界。人生如夢，很快就過去，迅即夢醒，但要醒覺到永恆的自性，然後才能好好去生活和承擔這個現世的人生；才有主見，作自己的主人，不會被種種名利所引誘，被種種煩惱所困縛。

有一次白聖長老在開示中說，各位設想自己死了，屍爛浮腫，蟲蛀蟻食，日曬雨淋，化作白骨一堆；把白骨磨成灰，霎時起了一陣風，連同塵土一塊兒捲入高空，向四方散落，這時請念一聲阿彌陀佛。參一個疑情，「念阿彌陀佛者是誰？」那個念這句話的「話頭」（源頭），現在請參那個「話頭」。我就在參那「話頭」的當兒，豁然開悟。

最近，有一位年輕人問我怎麼參禪。我問他有否受過禪的基本訓練，他說已打過禪七，但還是沒有領會。我告訴他說：「從疑門入，從疑門出。」當下請他安心靜坐，萬緣放下，以白聖長老所傳法門告之，這位年輕人亦欣然領會個中妙旨。

疑情的參透，也用在世間法上；舉凡科學的研究、人際互動的微妙、情感的生活，都與參透疑情有關。參透疑問就有新的科學發現，參透情感的疑竇，就能豁然開朗，不再嫉恨。最近有一位男生失戀了，整天像遊魂一樣，恍恍惚惚，父母親要他來見我。照例還是聽他訴說戀情，愛慕和失愛的痛苦，等他傾吐差不多了，我問他：

「這份感情現在還在嗎？」

「不在了。」我點頭表示肯定，然後接著說：

「請你想想：設若此刻是十年之後，你跟另一位喜歡的小姐成婚，幸福地有了小寶貝，他們就在你的身邊。當親暱地叫你『爸爸！我愛你』，你會怎麼回答？」

「當然！我也會說我愛他們。」

「你會說你不愛自己的妻兒，而愛過去一廂情願的戀人嗎？」他想了想然後說：

「不會。」

「為什麼？」

「因為它已成過去，她不是我的妻兒。」

「對了！這件事已成過去；你要把眼光放在現在，放在你現在準備做什麼，好好去做該做的事。」

幾次的談話，讓他從失戀的疑情中開解出來，同時支持他去執行新的計畫，他開始從沮喪的情緒中走了出來。

最後，我也要提醒一點，人千萬不要製造太多人際關係上的疑情。胡適之先生說得好：「研究學問要在不疑處有疑，待人則要在可疑處不疑。」

疑情放在婚姻上，容易猜忌、爭吵甚至導致離異；疑情發生在合作的伙伴上，會離心離德，事業難成。疑情要說明白，要參透，要能放下，然後才能互信和諧。

我看到有些新婚夫婦，自稱是開放大方，所以與異性交往沒有分寸，準頭未能拿捏好，於是讓配偶起猜疑，生嫉妒心，爭吵怨尤因之而起。我也看到一些家庭，在經濟生活上沒有安排得當，彼此猜疑不安，也會造成婚姻上的障礙。這類猜疑，要溝通解釋，避免讓它發酵成為破壞幸福家庭的餿水。

參禪入定的事，不是只有在佛堂、禪堂中做，更重要的是要在生活中去下功夫。避免有疑，疑則心病；遣開疑情，疑能生慧。不過，在現實生活中卻是處處疑情，你必須懂得從疑情入手，從疑情中開悟，才會有喜樂和自在。

4 擺脫生活的迷思

人總是在追逐中感受到匱乏，在處處為自己著想中感到不安，在不情願和抱怨情緒中產生憂煩。因此，人若想活得快樂，必須在心靈生活上保持安定。儘管你遭受莫大的挫折或危難，心理上也要保持超然獨立；否則你會墜入事態的漩渦，陷入迷思而不能自拔。

你是你，事態是事態，不要把它混淆了。這樣就能保持清醒去扭轉頹勢，否則必然失去挽回的機會。同樣的，當一個人被匱乏的心情所包圍，若不能及時擺脫，從中抽身，他就被貪婪所困，無論怎麼努力，都會生活在匱乏之中，最後導致筋疲力竭。

許多人以為，只要我有錢財就會快樂，有名望就會有價值，其實這種想法只是貪婪的投射。到頭來，投注於追逐名利的結果，還是覺得空虛。元朝的薛昂夫寫了一首發人深省的曲說：

大江東去，長安西去，
為功名走遍天涯路。
厭舟車，喜琴書。
早星星鬢影瓜田暮，
心待足時名便足。
高，高處苦；
低，低處苦。

人的心境如果被欲望綁架了，即使是高位富貴，心理還是覺得苦，至於低位那就更不用說了，它更是苦。所以，重點還是在知足時，才有真正的喜樂和自在。

人所以在心情上有著豐富感，是由於慈悲的愛心和知足的恬適。愛引領我們珍惜生活，體恤一切有情眾生，彼此共同歡慶生活，所以有著喜樂。寒山子的詩句說：

蜂蝶自云樂，
禽魚更可憐；
朋遊情未已，
徹夜不能眠。

這是說當我們沒有造作，不使用種種弔詭時，就能展露對生活世界的熱愛和喜悅，與一切有情同遊大千世界，情同手足。

另一方面，學會知足的人，他無須依賴名氣來彰顯自己，不用別人的讚美和肯定，也能活得尊嚴，有豐足感。他們不會掉入無盡的渴求和追逐之中，像飢餓的蛀蟲一樣不停地鑽進去，直到樹枝蛀斷，生存受到威脅。像蛀蟲一樣的人，無論所獲多少，他們的心永遠貧窮不知足。所以人需要覺醒，認識貧富的知覺與自己的心態有關。唐代的永嘉玄覺在《證道歌》中說：

窮釋子，口稱貧；

實是身貧道不貧。
貧則身常披縷褐，
道則心藏無價珍。

這段文字的重點是「身貧道不貧」，對心靈生活有所覺悟的人，即使貧窮，他們的心情還是豐足喜悅的，因為他們的心中懷著一顆無價的珍珠，它能照亮人生，能引領人欣賞山河萬朵之美。

簡樸和知足是現代人必須學習的最重要課題。我看到許多人，無論工作、家居、休閒各方面都在一頭鑽，這使一個人瘋狂地幹個不停，也引起了更多人競相追逐的狂亂，日子久了就造成厭倦和憂鬱。如果不重視簡樸和知足，我們將會陷入更嚴重的爭奪狂亂，至於在競逐中心力交瘁的人，容易厭倦和憂鬱。

心靈生活的迷失，已經為社會上帶來紛亂和嚴重的衝突。但值得警惕的是另一波心靈上的寒冬即將隨之而來，因為我們憂鬱症的人口已然逐漸增加。這個災難不只限於我國，而是世界性的心理疾病。根據世界衛生組織的推估，到公元二〇二〇年時，戕害人類的第二大疾病將會是憂鬱症。

這種疾病的特質是厭倦、沮喪和十分的無奈；病者失去接受任何挫折的能力，低聲飲泣，嚴重者連生活與工作的功能也被剝奪，成為一個專職的病人。這種無助和蒼白的心靈生活，會把貪婪和無盡豪奪的人帶入黑暗墳墓。

專家們已提出警告，我們社會中已經有百分之五到百分之十的人有憂鬱的症狀。就我的觀察，這種沮喪的心靈生活，極可能成為新的心理流行病。當人們的欲望和貪婪之心膨脹到自己能力所不能負荷時，很容易化成消極的憂鬱，它帶給人嚴重的挫敗感。長此以往，人變得完全無助和沮喪。他會無奈地吶喊，「我沒有希望！我不快樂！」至於他為什麼不快樂，他也答不上來，只知道好像所有的事都不能使他快樂起來。

心靈生活的迷失，將會給人類帶來大災難。如果我們不肯擺脫貪婪和無盡的追逐，不願意虛心學習愛與簡樸，很可能將遭受更多痛苦的折磨。

5 有求有還的情操

人活著就要懂得有求有還。求，是求取；努力工作，尋求別人的協助，乃至祈求上蒼給你機會和恩賜。還，是回報；當你的努力有了收穫，就要跟別人分享，要心存感恩，對社會國家負起應有的責任。古人常說：「感恩戴義，懷欲報之心。」

我們的成功和喜悅，不全然是自己努力的結果。嚴格說來，成功大部分是拜他人之賜。別以為成功的點子是你想出來的、程式是你設計出來的、技術是你發明的，其實你的思想、觀念和技巧，都奠基在前人的經驗上。你使用的語言、原理、工具和作法，絕大部分是現成的，是拜整體文化之賜，才創造出那麼一些成果。

想到這兒，油然心生謙遜。人若能作這樣的反省，就會有感恩的情懷。許多有成就的人，都注意到回饋，這是基於感恩。其實，不應等到有成就才回報，而是只要活著一天，就要對活下去表示感恩和回饋。

小時候過元宵節，天氣是冷冽的，但鄉下人感恩的熱情卻是溫馨的。元宵夜的廟會，演奏著北管的音樂，既振奮人心，又給人諸多喜氣。裝飾的花燈，閃爍著光明和虔誠的氣氛，鄉人聚集在大殿裡，帶著歡樂新春的餘韻，開始他們的求與還的心願。

求柑和還柑是家鄉最常有的活動。我們幾個村子，以栽種柑橘聞名；柑橘一到過年，一片黃澄澄，株株結實纍纍。可以說，一年辛苦耕耘有了豐收。不過，鄉人還是很謙虛，心存感激，因為那不是一己之力的成果。除了天候正常之外，需要農業技術的改良，市場條件的配合，為了感恩，於是有還柑的儀式。大家選擇最碩大的柑橘，送到廟裡當供果，表示感恩和回報。

這樣的活動從什麼時候開始，我並不清楚，只知道鄉人很虔誠地把柑仔送來當供果叫還柑。然後，再祈求新的柑橘，回去孕育新的希望，作新的努力。但無論如何，回報總要多於祈求，這代表著回饋的意思。

在家鄉的習俗中，元宵節象徵新春歡樂假期的結束。看花燈，觀賞一齣大戲之後，第二天就要收拾玩興，開始勤奮的工作。因此，廟會還要作另一種求與還的儀式，那就是求龜和還龜。鄉民在前一年的元宵節，求了印著龜紋的米糕回家，今年要回報更大的紅龜糕來當供品，分享給其他村人。傳說中的解釋可能有三個理由：

- 龜陪伴著先民平安渡海來台，為對牠表示感恩，所以一般人是不會食龜肉的。
- 龜代表是壽，是健康的象徵。
- 龜代表著沉潛與力行，有著耐性和天長地久的決心。

村民在求龜與還龜之中，一代代地傳授求與還的觀念，叮嚀著感恩和回報的精神。

現代人生活富裕，不容易覺察一切得之不易，也就不再重視生活中應懷抱感恩和珍惜的心情，於是回報或回饋的觀念漸漸式微。我認為現代人既要懂得求，也要懂得還。我們從大自然求取，也要對大自然還以愛護；受恩於國家社會，也要盡自己的能力作奉獻；得之於父母師長的撫育教誨，就要感恩並對下一代付出慈愛。

切記！要像求柑與還柑的情懷，要像求龜與還龜的心情，在取與還之中生生不息。

6 牧牛的啟示

牛是有感情的動物，只要你牧過牠，跟牠有過一段時間相處，也許是三兩天，也許長期相處，都會建立一份感情和默契。從牠的行動中，你會覺察到友善；從牠的眼神中，你會發現牠的情感。在農業社會裡，牛是人們的朋友，白天牠能耕田，夜裡有了牠，還讓人有著特別的安全感。

我家不養牛，但鄰居卻養了一頭壯碩的水牛，我常幫他們放牧，牽牠去有水草的地方，讓牠一飽口福。聽著牠吃草的沙沙聲，我可以了解到牠的喜悅。

我喜歡牛，喜歡牠穩重的步伐，敬佩牠耕田時的力大；特別是在犁鬆土地時，散放出土地的芳香，配合著牠有節奏的呼呼喘氣聲，更令我欣賞。我從牛那兒學到牠的穩重、耐力和不辭勞苦的精神；也向牠學習憨厚、樸素和單純。

牛啟發過我許多生活的智慧，直到現在仍然受用。牛在工作時的威儀神態，常在我腦際出現；牛悠閒時在草地或樹蔭下納涼的景象，令我感同身受，因為童年時，我曾坐在牛背上，人牛一體般享受過那種閒適。

我的素食觀念來自佛法的教導，但卻從牛那兒得到肯定，因為食草的牛仍能那麼健壯有力。人之所以變得虛弱，是由於老和疾病，而不是缺乏葷腥之食。我念高中時，每天做粗重的工作，當過建築工，挑運沙石水泥，我深深得到牛的啟發。體力是耐心培養出來的，人生路也是像牛耕作般一步步走出來的。

我從十六歲開始學禪，注意修行，日子過得清苦極了，連身上穿著的一件夾克，都是別人送我的舊衣；毛已斑駁脫落，拉鍊不堪使用，我把拉鍊除去，縫上鈕扣，雖然穿起來有些怪模怪樣，但我仍然穿它。我把這件衣服稱做「牛皮」，穿著它就覺得自己信心十足，耐力有加。我以牛來自勉，肯吃苦耐勞，凡事知道穩重踏實。

有一天，我向師父請教坐禪和修行的法門。他發現我穿著一件破舊的夾克，稱讚我的節儉，我回答說：

「除了這件牛皮之外，沒有第二件。」師父說：

「每個人也只有一件而已，就靠這一件來修行的。」我當時還不太懂，於是他為我解釋：

「每個人都只裹著一張皮，要用這張皮去成就，去開悟，去看到本來面目的自己和世界。」接著他說：

「你說這件衣服就叫牛皮？」

「是的。」我把原委說了一次。

「那麼你就好好地牧牛，它就是修行的法門。」

「怎麼牧牛？」

「當牛吃稻子犯禾苗時，就趕緊把牠拉回來。」

後來，我年事漸長，閱讀了許多佛學典籍，赫然發現，禪宗藉牧牛的啟示來砥礪進德修業的史料真多。連當年師父教我的牧牛修持法，也是出自唐朝馬祖大師對石鞏的對話。後來，到了宋朝廓庵師遠禪師，撰成十牛圖頌，歷代許多大德又作了許多發揮，尤其是普明禪師的牧牛圖頌，更是發揮得透徹。

現在我對牧牛有著進一步的看法：我不再從現象的牛來看它了。我把牛看成是人的心，心不斷反映周遭的種種情境；每一個反映都帶著一些知覺和情緒，有些知覺是快樂的，有些知覺是憤怒悲哀的。快樂的知覺，使我們想要追逐，正因為追逐我們才會被綁架，而陷入追求享受的痛苦之中。痛苦的知覺，使我們逃避和悲傷，結果一樣掉入痛苦的掙扎。這兩種態度都導致痛苦和心靈的封閉。

那麼開悟的生涯是什麼呢？我的比喻是：像牛一樣，吃草時只是吃草，沒有挑剔；耕田時僅是耕田，沒有痛苦的抱怨。豐收時沒有狂喜的歡亂，窘困時沒有不平的哀傷。

小的時候我牧牛，欣賞牛的壯碩有力，喜歡牠的憨厚和悠閒。現在我還在牧牛，我牧我心中的牛。今年春節，跟秀真在家一起讀經，在細雨霏霏的節氣裡，偶然發現心中那頭牛已然很悠閒了，我翻開普明禪師十牛圖頌中的馴伏，讀出他的詩偈：

綠楊陰下古溪邊，
放去牧來得自然，

日暮碧雲芳草地，
牧童歸去不須牽。

我已閑熟於牧牛的藝術。它是修福修慧的最好方法，當然也是現代人想要培養好情緒、好EQ的門道。

7 四種精神糧食

每個人都懂得天天進食，一日三餐，有時還加上零食點心，補充一些營養的食品，為的是滋養健康的身體，以求幸福的生活。固然生活幸福與身體健康的狀況有關，但與精神生活關係尤其密切。通常，精神生活正常的人，身體總是比較健康。

然而，一般人會為自己的身體攝取食物，卻往往疏忽給自己添加精神糧食、修持心靈，讓自己的精神更為健康。因此，我要在這裡呼籲大家，重視精神糧食。有了它，我們能過得振作有力；有了它，我們能保持歡喜；有了它，我們能孕育創意，克服困難，過成功的人生。在《雜阿含經》中，佛陀曾告訴比丘們說：

有四食資益眾生，令得住世攝受長養。

何等為四？摶食、細觸食、意思食、識食。

諸比丘！

此四食有貪有喜，則有憂悲有塵垢，

若於四食無貪無喜，則無憂無悲無塵垢。

佛所說的四種糧食，第一個是摶食，就是為了維持生活所必須的食物和用具，它的原則是簡樸。所以摶食的意思就是過簡樸的生活，也稱為粗摶食。當一個人能用簡化、平直、素樸、單純的態度處理自己的生活時，就能以簡馭繁，專注安定，不會被野心所驅使。

依我的觀察，精神生活之所以陷入困境，或者浮現矛盾痛苦，多半是由於野心和複雜，想得太多，顧慮的因素龐雜，不自覺地令自己承受太多的心理負擔，最後造成身心疲竭或者精神崩潰。許多憂鬱倦怠的人，是因為長期生活在複雜的念頭和慾望之中，讓「本然的自己」不斷與「應然複雜的目標」發生衝突，造成連續挫折和絕望所致。

許多家長教育子女，不斷期許他要勝過別人，否則就不體面，就不能有好的未來。他們想的是野心，而不是真實和單純。所謂單純就是欣賞孩子的優點，鼓勵他發展主動性和信心，讓他成為一個有尊嚴的人，他就能走出自己的路。走出自己的路就是光明，就不會學壞，就會不斷進步，這就是單純，就是摶食。反之，教給孩子太多顧慮和慾望，結果放棄了自己該走的路，東挑西撿，不但弄不出個名堂來，還造成許多不滿、憂鬱和痛苦。這社會有越來越多的年輕人，眼高手低，想做的做不來，現實的工作又不滿意，徬徨流動，躊躇蹉跎，是不懂得粗摶食。

其次是細觸食，這種精神糧食是要你虛心從日常生活中玩味它的美和喜悅。你享用一餐簡單的食物，細觸它的味道，和家人悠閒地享用，還有輕柔有趣的談話，那比滿漢全席、山珍海味還好。無論是早餐、午餐或晚餐，食物雖然簡單，只要你能細觸，美味溫馨盡在其中，極樂的源頭也在這裡。所謂「在禪的清淨中，現出璀璨的三千大千世界」，這一點你該能體會出來才對。只須透過細觸，不流於染執，那麼「耳聞之而成聲，目遇之而成色」，極樂淨土不就在你的無礙清淨心中展現出來了嗎？

就像此刻，外頭下著午後的陣雨，打在窗外的浪板上，我聽到雨聲，享受到雨打芭蕉之美。你只要培養清淨細觸的技巧，生活中就顯露著更多的美好。當你開始欣賞別人，了解別人的感受和想法，你會從心中自然流露出慈悲喜捨，這種被雲門禪師叫做「古佛的心」的清妙是只許你親嚐，不准你耳聞的。

在細觸中，人有了慈愛，教育子女容易成功。在細觸中，人有了喜悅，也就無須另求娛樂和享受。在細觸中，有了覺察，它帶領我們進入空與覺悟。

其三是意思食。這是說你想的是什麼，你的心就會是什麼；當然，你的行動和後果也就是什麼。消極的人容易退卻，做起事來打不起精神，對困難不容易有「掌握它」的信心，當然也就經不起挑戰。學佛更是如此，你的心中沒有堅定的正信，沒有維持正行的紀律，缺乏鼓勵自己上進精勤的觀念，學佛也就沒有什麼感應。意思食就是給自己正念，才能走向光明的人生。

人的想法決定精神生活的品質，只要對眼前的事覺得無助，就會顯露出頹廢倦怠的態度；只要想放棄自己的希望，就會消極墮落。我看過許多鍥而不捨、兢兢業業的人，他們不只事業成功，精神力也表現得好。當然，我也看過更多無精打采的個案，他們被無助和無望的心魔綁架，振作不起來，而我的諮商方法之一，就是要提供他正向的意思食，讓他從虛弱的精神力中恢復元氣。

最後是識食。人有八識，眼、耳、鼻、舌、身、意、末那、阿賴耶，無一不是識。經上說：「萬法唯識。」人的生活無一不是從識變現出來的。不過，這裡所說的識，有其特別涵意。識是指一個人在心靈世界不斷浮現出來的「點子」。請注意，「意思」屬於思想的體系，它的特質是邏輯、思考和理性。人類的心靈活動，除了理性思考之外，還有一部分是解決問題或回應環境方式的「點子」。這些點子，絕大部分是藏在阿賴耶識裡，這些點子不屬於理性，但卻需要理性去處理、證驗和過濾，才能形成有用的知識或解決問題的能力。

我們發現，情緒狀況越糟的人，越不容易浮現創意的點子，他所出現的點子較具暴力、衝動和焦慮性的特質。所以，影響識的部分應該是情緒和情感的生活狀況，而不是理性的思考或知識。所以，豐富的感情、悠然的情緒和好的理性能力，將構成菩薩行的條件。菩薩的本義就是覺有情。這正是經上所謂：

「悲智雙運。」

然而，悲智雙運的基礎卻是識食，是一種情結和情感的調理，所以要學習互愛、恬淡和悠然的性情。我建議現代人要革除性急，要培養慈愛和自在的神情，否則在識食方面，將會出現飢餓匱乏的現象。

我相信對於識食的不重視，將會為人類帶來精神生活的大難題，許多心理學家已經提出警告：未來情緒所引起的疾病和精神生活的窘困，將是人類生活上的一大災難。

我深信佛陀所提出的四種精神糧食的重要性，特別把它寫出來，希望大家能重視它、實踐它。讓這資益眾生的四食，能傳布給每一個人，並蔚為風氣，成為現代文化的一部分。

8 清淨中的覺照

在墾丁海濱，看黃昏夕照，我依偎在彌陀的慈懷裡，享受本體世界傳來的喜樂。

猶記多年前的暑假，有一次教育部在墾丁青年活動中心，舉辦輔導及學生事務工作研討會。議題很多，連續兩天下來，大家都覺得疲倦。於是主辦單位為大家安排到海邊看夕陽，賞斜照，踏踏南國的海灘，戲戲柔媚的海浪。

辛苦了一天，能有機會坐在礁石上，面對壯闊蔚藍的大海，沒有不凝神眺望，陶醉在晚霞的鮮麗多彩。大家三五成群散了開來，有坐有立、有戲波有逐浪、有閒聊有歌詠。我跟大家聊了一會兒，然後獨自坐在一處較高的岩石上，恬適地欣賞造化之美。它簡直就是一幅畫，橙瑰麗的雲，透出夕陽的半個臉蛋；海連著天，天邊的雲就像畫舫。往右看去，山和海岸像畫筆勾勒一般，彎了幾彎，看不到盡頭；朝左瞧去，是一個海灣，像慈母擁抱著即將甜睡的孩兒，我陶醉在山與海的色韻，忘我地坐著。

海浪似乎洗濯了我的心，晚風撫平了心念的浪濤。這時，一個大浪打在礁岩上，浪花四濺，就像一個玉瓶打破了一樣，我看到無常、變化和清淨；看到色相的美，起了珍惜的心，同時也看到它的真實面。霎時，虛雲老和尚的悟道詩浮現在我的腦際：

杯子撲落地，
響聲明瀝瀝；
虛空粉碎也，
狂心當下息。

塵勞剝落，心靈無比的自在喜悅；我和海似乎是一體的，和絢爛的晚霞是分不開的。不知何時，我已盤腿禪坐，陶融於此片極樂淨土。我念佛，毫無雜念，好像跟彌陀把手同遊一樣。也許是觀日鼓的因緣，我品觸到彌陀三昧的空性和喜樂。

時間在無住之中流逝，天色漸暗，同事們召喚我上車。坐在那兒近一個小時，只是剎那間的事，心神爽適，無比悅樂，好像剛剛受洗，得清淨心的感受。在車上，我很想重溫箇中的法喜，只是尋覓不得。我想著善導大師的話：「唯有徑路修行，但念阿彌陀佛。」不是透過那平直心的徑路，怎可能體會唐朝道綽大師所言，孺慕在彌陀如來的功德法喜之中呢？

當晚，我們又進行一場活動到十時許，大家正回房準備休息，七、八位教授邀我在戶外閒聊。稍後，一位教授問我：

「傍晚時分，你獨自坐在海邊礁岩上做什麼？」

「念佛。」我接著也問：

「當時，你也獨自坐在沙灘上做什麼？」

「感恩。」

我們沉默了一下。他問道：

「怎麼念法？」

「用感恩念。」

我們會心地互看了一眼。我說：「宗教的名相可能不同，信仰的儀式容或有所差異，但當我們的心打開的時候，當我們不被虛妄貪婪綁架的時候，就會清楚地看到那絕對的真理。也許有人稱它叫上帝，有人稱它叫禪，也有人稱它叫天主，稱呼什麼並不重要，而是那顆開啟的心，才可能接近到真理。」

我們談到午夜，從宗教到心靈，從博愛到慈悲，從小我到無我的大我，談得很開心很交心。也許那只是語言文字的表達，是妄的一部分，而非接觸到「徑路」。夜空來了一陣傾盆大雨，把我們趕回房裡休息。我聽著滂沱的雨聲，回想是日的體驗，默然知足，入於清夢的甜睡。

9 禪與淨的圓融

宗教生活要建立在清淨的信仰上，透過修持和情操，才參契到本體世界的美妙與圓滿。

我年輕時，在宜蘭雷音寺的念佛會，學習念佛法門。當時所謂念佛，就是大眾跟著師父一塊兒念；人越多聲音越具攝受力。我很嚮往那種眾志成城的氣氛，尤其是融入佛聲的溫暖、祥和、安寧和平安的感覺。

當然，我學禪也很早，不過當時所重視的全是打坐的表面功夫，很少觸及心的修持和覺照。然而我很用功，每天晚上都練習，日子久了也有一些發現和覺察。我發現心識的源頭存在這清涼且能覺照生活的「實存」。當時，我不知怎麼形容它，也不曉得如何描述這種深層的接觸。直到後來，閱讀的經論較豐富，才知道箇中的妙趣。

在坐禪中念佛，把坐禪當做載具或交通工具來念佛，是聽到師父講述禪淨雙修時，抱著不妨試試看的心情，而有了新的領會。我試著把禪坐當船輿，把淨土當神遊的目的地，念出南無阿彌陀佛時，曾經有過莫名的自證喜悅。

我如此念佛，經常有著無盡法喜。雖然沒有什麼神秘的經驗，沒有特殊的靈異，但卻有著實在、充實和清淨的感受。就持著這樣的念佛法門，天天跟家人維持定課。有空的時候，都會在腦海中浮現念佛的聲音和自在感。有幾次，我發現念佛時，很自然覺得四周都是亮麗的佛身，備感殊勝的寧靜祥和。當時我跟著淨空法師學《華嚴經》，便抽空請教究竟。他說：

「你念佛能有這樣成績是很難得的。但要避免去執著它，只需專心念佛就好；就把它當做是一路春景，滿目風光，不礙你與彌陀交往就是了。」

這件事情，隨著每天的淨念，有空便提起一念，作禪淨雙修，念佛現前也就變成平常事，即使在一般禮佛時，也有這種現象。後來，我閱讀《般舟三昧經》，才恍然大悟，原來般舟三昧，梵語為 Pratyutpanna-samàdhi，其義為佛立或佛現前。凡是修般舟三昧的人，即可見諸佛現於眼前。經中記載，賢護菩薩（跋陀和菩薩）問佛陀說：

「菩薩當作何等三昧，所得智慧如大海，如須彌山，所聞不疑，終不失人中之將，自致成佛終不還……。」佛陀的回答是：

「一法行，常當習持，常當守，不復隨餘法，諸功德中最第一。何等為第一？是三昧名現在佛悉在前立三昧。」它的修持方法就是念南無阿彌陀佛。

這部《般舟三昧經》是彌陀經典中最早的文獻。在考證上它比淨土三經更早，經中對念佛法門的直陳，有著雲開月現、朗日當空的啟示效果。我繼續這樣念佛，後來又參學隋朝智者大師所撰《五方便念佛門》，它的法要是：

- 稱名往生念佛三昧門：念佛者要深心願生彌陀極樂淨土。
- 觀想滅罪念佛三昧門：心想著佛光照耀你，而滅除過去一切業障。
- 諸境唯心念佛三昧門：要覺察一切境相是由心識映現的，要明白即心即佛，是心是佛。
- 心境俱泯念佛三昧門：從心識與現象世界中超越出來，接觸到無相的本體世界。

●性起圓通念佛三昧門；感受在佛加被下，見自本性，捨棄妄心，成就圓滿功德。

這五個方便念佛法門，我很快就知道怎麼運用。正好那時我讀頌「淨土五會念佛略法事儀讚」，後來又唱「念佛心曲」，發現它們都充分表現五方便念佛門的主旨。查五會念佛為唐法照法師所創，以《無量壽佛經》中的「清風時發，出五音聲，微妙宮商，自然相如」之文，將念佛之音分為五節。第一會為平聲緩念；第二會為平上聲緩念，第三會為非緩非急念；第四會漸急念；第五會轉急念（每一會念百遍）。每一會觀想著一個念佛三昧門，則能入於禪定念佛，備覺《般舟三昧經》所言旨趣現前。

有一次，我在飛機上念佛。當時念的是「念佛心曲」，這是我閒暇念佛方便使用的方法。念佛心曲念一遍，正好五個音節；每一個音節念一句「南無阿彌陀佛」，五個音節唱下來，正好觀照五個方便念佛門。亦即每一句阿彌陀佛，都在心中各現出一個念佛的心境，從稱名往生、觀想滅罪、諸境唯心、心境俱泯，最後到性起圓通，而構成一個心性的覺悟，並與彌陀相應成就即心即佛的圓滿。

我試著在高空中輕念，入於清淨，行於觀照，而開啟了麗亮的心門，竟有著諸佛同在之感。後來，我常常照這樣念佛，時間或長或短，都能優遊於念佛三昧之中，甚為篤實歡喜。至此，我深信念佛是一種實在的修行，而信仰對自己心性之陶冶越深，宗教情懷和喜樂也越豐富，其與本體世界交融的自在感，真是悲喜交集，不可言喻。

10 重視心靈的生活

心靈生活的品質，決定你是否活得喜樂、健康和幸福。人類的心靈生活，是今日世界性共同關切的課題。

在經濟高度發展的今日，放眼看看每一個開發中國家或已開發國家，沒有能倖免於被犯罪、吸毒、暴力、環境破壞和精神頹廢或沮喪的難題所困。人類似乎在經濟發展到一定程度，物質生活不虞匱乏之時，就得面對新的挑戰，那就是精神生活的危機，也是拯救自己靈魂的問題。

我相信經濟發展的目的，在於追求生活品質的提高，讓自己生活在和諧、充實、美化和喜樂之中。但是經濟發展的同時，卻因為急功近利的觀念、貪婪和無止盡的競爭，把精神壓抑得扭曲變形；日益放縱於聲色的享樂和刺激，更使人們墮入唯感膚淺的生活方式。

如今，我們的物質生活固然富裕，但在精神生活上卻變得空虛。這使得大部分的人形成兩極化的反應：其一是傾向於不安、焦慮或沮喪；其二是採取亢奮的態度，以形諸色情、麻醉、暴力或巧取豪奪。前者是憂鬱的，後者是瘋狂的；前者感受到絕望的折磨，後者迷失在抓狂的亢奮之中。他們的共同問題是心靈的空虛和荒蕪。

未來學的學者對於心靈生活的失調已多所指陳，至於心理學家、心理諮商或治療學者，更對現代人的精神生活提出剴切的呼籲。我們看到青少年犯罪正在擴大增加，手段殘忍兇暴；各國憂鬱症的人口和自殺率不斷上升，甚至於有討論如何自殺、如何使自己更頹廢的書籍。這是人性生活的大逆轉，不可不提防它的危害。

二十世紀末時世界衛生組織曾公布一項推估，預測公元二〇二〇年時，危害人類的十大疾病；其中頭號殺手是心臟病，次號殺手是憂鬱症，這兩種病都與情緒和精神生活有關。許多研究指出：敵意、緊張、急切和憤怒是心臟病的心因性因素；至於憂鬱症，更是情緒失調所致，它的特質是無奈、沮喪、缺乏振作的動機。憂鬱症會剝奪一個人的生活和工作的功能，令其失去生活的勇氣，而陷入絕望或自殺。而這兩種精神生活失調的人口，無論在國內和國外，都快速地增加之中。

有關心靈生活的研究與討論，不僅在台灣有心靈改革的問題。美國有關心靈生活的研究，已受到廣泛的重視，出版的著作更成為出版界的寵兒。日本和歐洲對於精神生活的重視，亦不亞於美國，情緒、情感、生活與心靈的調適，亦成為眾所關注的焦點。北京社會科學院對於精神生活的課題亦相當重視。

我經常誠懇地警告國人，如果世界衛生組織不幸言中，憂鬱症真的侵襲台灣，請問我們一個全靠人力資源維持的國家，憑什麼能支撐下去？發展下去？

心靈生活無疑是每一個人必須重視的問題。你曾經關心過與自己幸福息息相關的課題嗎？如果沒有，建議你開始關心它。尤其生活在自由開放的社會，處處表現出多慾、多元價值、多種挑逗引誘、多紛擾和多衝突的社會，你更需要有些心靈的修持，否則你會迷失在光怪陸離的現實世界，會鬱卒在紛爭和矛盾的夾縫之中。

請容我請教你一個問題：在平常生活中，你的心情能保持和諧愉快、日子過得充實有意義嗎？如果你的答案是否定的，或者你猶豫不知如何回答，那就該開始心靈修持，因為你沒有親嘗過生活的豐富感和喜樂，可能陷入生活的緊張和衝突的夾縫而不自知。如果你能稍作調適，有所覺察，無論你的工作或職業如何，都能增進你的精神力量，過著較充實的生活。

心靈生活的調適並不難，它只是要你去親嘗生活這口清泉，在簡單素樸中得到它，看到它的美和無盡的價值，並領略到更高層的精神世界，與它有著相融相屬之感，而體驗到豐足，覺得自己再也不孤單。這些心靈生活需要一點自我反省，也需要一點實踐的方法，你得有心學習才行。

我發現人們失去心理健康或陷入困擾，乃至造成心理疾病，原因固然很多。有源自失愛和失教，有源自挫折和生活的潰敗，有源自嚴重的心理創傷……但我認為，會造成嚴重的創傷或困擾，是由於心靈的修持和成長能力不足。因此，人需要滋潤自己的心靈，經常修葺它、灌沃它，讓它強壯安穩。

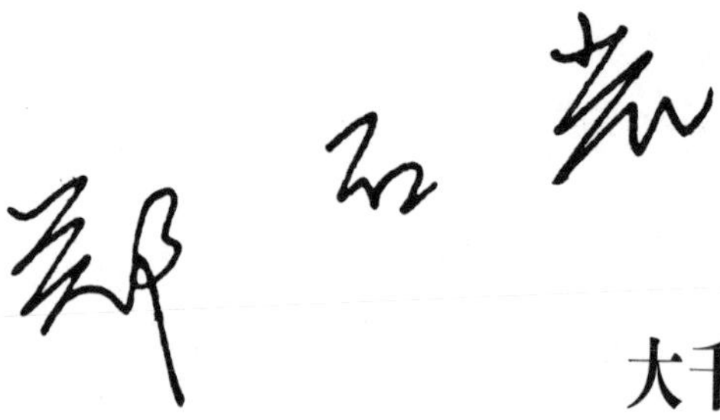

大千世界的生活禪師

繁華俗世中的芸芸眾生，流盪在七情六欲之中，輪迴不已。這之間有苦有樂、有平靜有顛沛，如何面對？端賴自己。在西方，有思辨的心理學，解讀人生種種；在東方，一個古老的智慧——禪學，在生活的傳承之中，逐漸圓熟；靠著「它」，滌清了人們的煩憂。

鄭石岩教授自幼研習佛法，參修佛學多年，並對心理學與教育學有深入的研究；因此在書中，他結合了東西方的心靈學問，期望引導生活在熙攘的現代臺灣社會的人們，學習開朗、自在的生活哲學。

A3A11《參禪・改造心情》
——參透二十八則 法喜八萬四千

A3A12《禪・生命的微笑》
——以禪法實現自我，做生活的主人

A3A13《無常・有效面對生活》
——涵養禪定智慧，開展亮麗人生

A3A14《優游任運過生活》
——優游的生活態度，任運的生活智慧

A3A15《禪・心的效能訓練》
——汲取禪修智慧，提升自我效能

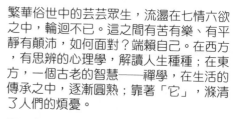

啟發孩子成長的親師角色

愛是生命世界的活水源頭，生命因愛而孕育成長，精神生活因愛而豐富悅樂。在教育的園地裡，愛是最重要的養份，但對成長中的孩子，光有「愛」沒有「教」，仍難培育出健全發展的身心。只有當愛化成對孩子的啟發與誘導的力量，才能引導孩子走向光明成功的未來。

鄭石岩教授以其教學經驗與心理諮商的觀察為我們指出，正確的教導原則，就是傳遞愛的最佳途徑；教導錯誤，則會引致愛之適以害之的遺憾。身為孩子學習對象的父母及師長，應注重身教的影響力，以自治、自制和啟發的教育愛，發掘孩子的優點，培養孩子的豪氣，孩子自然能在成長的過程中揮灑出亮麗的色彩。

A3A21《教導孩子成材》
——打造學習型家庭，做孩子的領航人

A3A22《發揮創意教孩子》
——培養主動學習、樂觀上進的
教導新點子

A3A23《親子共成長》
——培養孩子心智，開啟天賦潛能

A3A24《身教》
——涓涓身教，善盡親職

A3A25《教師的大愛》
——發揮有能力的愛，做學子們的貴人